Perry Reisewitz (Hrsg.)

Pressefreiheit unter Druck

Perry Reisewitz (Hrsg.)

Pressefreiheit unter Druck

Gefahren, Fälle, Hintergründe

VS VERLAG FÜR SOZIALWISSENSCHAFTEN

Bibliografische Information der Deutschen Nationalbibliothek
Die Deutsche Nationalbibliothek verzeichnet diese Publikation in der
Deutschen Nationalbibliografie; detaillierte bibliografische Daten sind im Internet über
<http://dnb.d-nb.de> abrufbar.

1. Auflage 2008

Alle Rechte vorbehalten
© VS Verlag für Sozialwissenschaften | GWV Fachverlage GmbH, Wiesbaden 2008

Lektorat: Barbara Emig-Roller

VS Verlag für Sozialwissenschaften ist Teil der Fachverlagsgruppe
Springer Science+Business Media.
www.vs-verlag.de

Das Werk einschließlich aller seiner Teile ist urheberrechtlich geschützt. Jede Verwertung außerhalb der engen Grenzen des Urheberrechtsgesetzes ist ohne Zustimmung des Verlags unzulässig und strafbar. Das gilt insbesondere für Vervielfältigungen, Übersetzungen, Mikroverfilmungen und die Einspeicherung und Verarbeitung in elektronischen Systemen.

Die Wiedergabe von Gebrauchsnamen, Handelsnamen, Warenbezeichnungen usw. in diesem Werk berechtigt auch ohne besondere Kennzeichnung nicht zu der Annahme, dass solche Namen im Sinne der Warenzeichen- und Markenschutz-Gesetzgebung als frei zu betrachten wären und daher von jedermann benutzt werden dürften.

Umschlaggestaltung: KünkelLopka Medienentwicklung, Heidelberg
Druck und buchbinderische Verarbeitung: Krips b.v., Meppel
Gedruckt auf säurefreiem und chlorfrei gebleichtem Papier
Printed in the Netherlands

ISBN 978-3-531-15771-9

Inhalt

Vorwort 7

Perry Reisewitz
Einleitung 9
Pressefreiheit - die Konsequenz der Denkfreiheit

Dieter Offenhäußer
Pressefreiheit ist das Barometer für Demokratie! 17
Der von der UNESCO ausgerufene Internationale Tag der Pressefreiheit

Hans Leyendecker
Der unheimliche Zerfall der Pressefreiheit 25

Heribert Prantl
Über den Hochverrat 31
Sind wir Journalisten oder Trommelaffen? Früher war die Pressefreiheit vom Staat bedroht. Heute besorgen die Medien das selbst

Markus Hurek
Pressefreiheit hat immer mit Öffentlichkeit zu tun 37

Sascha Adamek und Kim Otto
Das Auskunftsrecht der Journalisten 43
Ein Praxisbericht

Sandro Brotz und Beat Jost
Die CIA-Fax-Affäre 61
Wie die Schweizer Regierung und ihre Militärjustiz die Wahrheit vertuschen und stattdessen Journalisten und unschuldige Bürger verfolgen und vor Gericht zerren

Boris Reitschuster
Voll von Propaganda 79
In Russlands Demokratur regieren Machtinteressen die Medien

Horst Avenarius
Meinungsfreiheit für PR 111

Gabriele Goderbauer-Marchner
Die Gedanken sind frei 119
Die Geschichte prägt die Gegenwart, sie prägt die Zukunft – sie ist allgegenwärtig

Verzeichnis der Autorinnen und Autoren 145

Vorwort

Die Freiheit, sich ungehindert zu informieren, gehört zu den universellen Menschenrechten. Um so erstaunlicher ist es, dass selbst in den Ländern der westlichen Welt Pressefreiheit kein ‚Normalzustand' ist, sondern dass es immer wieder Bestrebungen gibt, eben diese Freiheit zu begrenzen. Drei Eindrücke zum Thema Pressefreiheit aus Seminaren der letzten Jahre waren für mich auffallend: Zum ersten zeigten verschiedene Recherchen, wie unterschiedlich das Verständnis dessen ist, was man unter Pressefreiheit verstehen kann – historisch ebenso wie im aktuellen Vergleich der Länder und Kulturen. Zum zweiten zeigte sich, dass die Bedrohungen für die Pressefreiheit bereits in Deutschland und Europa sehr heterogener Natur sind. Und zum dritten war erstaunlich, wie wenig das Thema Pressefreiheit trotz dieser Bedrohungen in der Öffentlichkeit wahrgenommen wird. Dieser letzte Punkt gab den Ausschlag, eine eigene Veranstaltung ins Leben zu rufen, aus der – um einige Beiträge erweitert – dieser Band hervorgegangen ist.

Wie im Kriminalroman

Der erste Tag der Pressefreiheit an der Macromedia Fachhochschule der Medien fand im Mai 2007 gemeinsam mit der UNESCO statt. Ziel war es, neben einem historischen Überblick (s. Beitrag von Gabriele Goderbauer-Marchner) und dem Engagement der UNESCO (Dieter Offenhäußer) aktuelle Fälle und bemerkenswerte Entwicklungen in den Blick zu rücken, die die Medienlandschaft nachhaltig beeinflussen. Die Schweizer Fax-Affäre (Sandro Brotz und Beat Jost) und der Fall Cicero (Markus C. Hurek) gehören sicher zu den spektakulären Ereignissen, ebenso die Recherchen der Redaktion Monitor zum Thema der Beschäftigung von durch die Wirtschaft bezahlten Mitarbeitern in Ministerien (Sascha Adamek und Kim Otto). Boris Reitschuster berichtet von der Pressefreiheit in Russland und liefert eine beängstigende Momentaufnahme. Die Artikel von Heribert Prantl und Hans Leyendecker betreffen kritische Entwicklungen im System der Medienlandschaft selbst. Und der Beitrag von Horst Avenarius zeigt, in welch schwierigem Spannungsfeld sich Unternehmenskommunikation und Meinungsfreiheit befinden. Schlaglichtartig erhellen die hier versammelten Texte zentrale Aspekte rund um das Thema Presse- und Meinungsfreiheit.

Es ging uns bei unserer Tagung und bei der Planung dieses Bandes vor allem darum, Interesse zu wecken und Problemfelder zu benennen. Und trotz des schwierigen Themas sollte die Lust am Lesen nicht zu kurz kommen. Die Autoren stehen dafür ebenso wie die Geschichten, die zum Teil (Cicero, Schweizer Fax-Affäre, Auskunftsrecht der Journalisten, Russland) die Qualität von Kriminalromanen haben und dabei doch erschreckend real sind.

Parallel zu unserem ersten Tag der Pressefreiheit im Mai 2007 – der zweite ist im Mai 2008 zum Thema China soeben zu Ende gegangen – stellte uns Reporter ohne Grenzen zusammen mit der VHS im Norden des Landkreises München e.V. die Wanderausstellung '100 Fotos für die Pressefreiheit' zur Verfügung – eine eindrucksvolle Dokumentation, durch welche die in den Beiträgen angesprochenen Themen visuell erweitert wurden.

Hände und Köpfe

Der Weg von der ersten Idee bis zum ersten Tag der Pressefreiheit an der Macromedia Fachhochschule der Medien und zum fertigen Tagungsband bedurfte vieler Hände und Köpfe. Vortragende und Autoren stellen ihr Wissen, ihre Einsichten und ihre Zeit zur Verfügung. Die Macromedia Fachhochschule der Medien, allen voran ihr Kanzler Joachim Scheurer, unterstützte die Tagung in vielfältiger Weise, das Technik-Team der Hochschule löste die heterogenen Aufgaben der Präsentation der mit der Tagung gemeinsam stattfindenden Foto-Ausstellung und das PR- und Marketing-Team der Hochschule kümmerte sich um das Veranstaltungsmanagement, um Einladungen, Plakate und schließlich auch um unsere Beiträger vor Ort. Die größte Last lag aber vor und nach der Veranstaltung bei meiner wissenschaftlichen Mitarbeiterin Jessica Schallock, die auch das Manuskript des vorliegenden Bandes erstellt hat. Sie hat mit ihrem Engagement ganz erheblich zu einer gelungenen Tagung und zu dieser Publikation beigetragen. Dank gebührt zudem dem VS Verlag für Sozialwissenschaften für seine Geduld und sein Entgegenkommen bei der Publikation dieses Bandes.

München im Mai 2008

Perry Reisewitz

Einleitung

Pressefreiheit - die Konsequenz der Denkfreiheit

Von Perry Reisewitz

Es ist schon theuer genug, in Paris zu leben; aber in Paris sterben ist noch unendlich theurer. Und dennoch könnte ich jetzt daheim in Deutschland oder in Ungarn so wohlfeil gehenkt werden![1]

Es ist Heinrich Heine (1797 bis 1856), der diese Sätze am 18. November 1849 aus Paris an seinen Hamburger Verleger Julius Campe schreibt. Heines Publikationen, in Deutschland von der Zensur belegt, haben ihrem Autor viel Verdruss bereitet. Nicht nur das Gesetz stand gegen ihn, auch öffentlichen Anfeindungen war er ausgesetzt. Beschimpft hat man ihn als „Vaterlandsverräter"[2], als „niederträchtig" und „charakterlos"[3]. Bereits im Mai 1832 nahm Heine auf der Flucht vor der gerade verschärften preußischen Zensur seinen dauernden Wohnsitz in Paris, wo er als Korrespondent der von Cotta in Augsburg herausgegebenen Allgemeinen Zeitung - in der ersten Hälfte des 19. Jahrhunderts die führende politische Tageszeitung Deutschlands - und verschiedener französischer Journale arbeitete. Die Auseinandersetzung mit der Zensur führte er bis zu seinem Lebensende.

---

[1] Heine, Heinrich (1970 ff): Säkularausgabe. Werke, Briefwechsel, Lebenszeugnisse. Hrsg. von den Nationalen Forschungs- und Gedenkstätten der klassischen deutschen Literatur in Weimar und dem Centre National de la Recherche Scientifique in Paris. Akademie-Verlag, Berlin [u.a.]. Hier: Bd. 22. S. 322. Brief Nr. 1278

[2] vgl. z.B. Singh, Sikander (2006): Heinrich Heines Werk im Urteil seiner Zeitgenossen: Rezensionen und Notizen zu Heines Werken, Bd. 13 Kommentar 1821-1856 und Register. Stuttgart. S. 108

[3] So schreibt der damals einflussreiche Historiker Heinrich von Treischke (1834-1896): „Heine ist witzig ohne Überzeugung, charakterlos, seelenlos, ungezogen, niederträchtig, frech, unzüchtig und unwahr in seinen Empfindungen. Unter seinen Händen wird alles unrein, er ist ein empfänglicher, aber unselbständiger Geist, der in Paris allen verworrenen Gedanken der altersschwachen, epigonenhaften französischen Romantik erlag". In: Hädecke, Wolfgang: Heinrich Heine. Eine Biographie. München 1985. S. 535

Beschimpft, verfolgt, vertrieben und, folgt man Heines eigenen Worten, mit dem Tode bedroht - Heinrich Heine hat viel von dem vorweggenommen, was Journalisten heute ertragen müssen, wenn sie versuchen, frei zu berichten, zu analysieren und zu kommentieren, kurz: engagiert zu sein. Das Problem war zunächst politischer Natur und richtete sich gegen die aufstrebenden bürgerlichen Kräfte des Vormärz. Die Forderung nach ungehindertem Austausch der Gedanken und Meinungen, die Vorstellung, dass eben dies ein Grundrecht der Menschen sei und zu einer besseren weil informierten, aufgeklärten Gesellschaft führe, ist von den europäischen Fürstenhäusern früh erkannt und bekämpft worden.

Namentlich Heinrich Heine

Bereits im Dezember 1835 richtete sich ein Bundestagsbeschluss gegen sämtliche Schriften der Autoren des ‚Jungen Deutschland':

> Sämtliche deutsche Regierungen übernehmen die Verpflichtung: gegen die Verfasser, Verleger, Drucker und Verbreiter der Schriften aus der unter der Bezeichnung „das junge Deutschland" […], zu welcher namentlich Heinrich Heine, Karl Gutzkow, Heinrich Laube, Ludolf Wienbarg und Theodor Mundt gehören, die Straf- und Polizeigesetze ihres Landes, sowie die gegen den Missbrauch der Presse bestehenden Vorschriften nach ihrer vollen Strenge in Anwendung zu bringen, auch die Verbreitung dieser Schriften sei es durch den Buchhandel, durch Leihbibliotheken, oder auf sonstige Weise, mit allen ihnen gesetzlich zu Gebote stehenden Mitteln zu verhindern.

> Die Buchhändler werden hinsichtlich des Verlags und Vertriebs der oben erwähnten Schriften durch die Regierungen in angemessener Weise verwarnt, und es wird ihnen gegenwärtig gehalten werden, wie sehr es in ihrem wohlverstandenen eigenen Interesse liege, die Maßregeln der Regierungen gegen die zerstörende Tendenz jener literarischen Erzeugnisse auch ihrerseits, mit Rücksicht auf den von ihnen in Anspruch genommenen Schutz des Bundes, wirksam zu unterstützen.

> Die Regierung der Freien Stadt Hamburg wird aufgefordert, in dieser Beziehung insbesondere der Hoffmann- und - Campeschen Buchhandlung

in Hamburg, welche vorzugsweise Schriften obiger Art in Verlag und Vertrieb hat, die geeignete Verwarnung zugehen zu lassen.[4]

Auch wenn sich Heine und Campe nicht einschüchtern ließen - die Pressefreiheit hat in Deutschland nach diesem ersten großen Aufbegehren deutliche Rückschritte erlitten; der Nationalsozialismus macht ihr schließlich gänzlich den Garaus.[5] Immer dann, so scheint es, wenn politische Macht von Wenigen auf Viele ausgeübt wird, ganz unabhängig davon, um welche Art der staatlichen Repression es sich handelt, regt sich auch der Wille, dem autoritären oder totalitären System etwas entgegen zu setzen, das den einzelnen Menschen und sein Recht auf Information wieder in den Blick rückt.

Vorbereitungen jahrhundertweise

Viele Entwicklungen waren nötig, bis die Vorstellung von dem Recht auf Pressefreiheit als einem Grundrecht des Menschen entstehen konnte. Es hat sich in einem jahrhundertelangen Prozess auf der Grundlage verschiedenartigster Voraussetzungen herausgebildet. Technischer etwa: Die Erfindung des Buchdrucks als erstes Mittel der Massenkommunikation gehört ebenso dazu wie die Erfindung der Rotationspressen im 18. Jahrhundert. Soziale Entwicklungen: Das Entstehen der großen Städte, ebenfalls im 18. Jahrhundert, allen voran Paris als erste Metropole im modernen Sinne. Und, als ein Ergebnis der Französischen Revolution, die deutliche Anhebung der Alphabetisierungsrate mit Unterstützung der Revolutionsregierung – nur so hatte die staatliche Propaganda in Form gedruckter Pamphlete eine Chance, flächendeckend in ganz Frankreich ihre Leser zu finden. Schließlich philosophische Veränderungen: Der stetig fortschreitende Bedeutungsverlust der christlichen Religion im Alltagsbewußtsein von der Renaissance bis heute und damit einhergehend das veränderte Selbstverständnis

---

[4] Bundestagsbeschluss vom 10. Dezember 1835 gegen die Autoren des Jungen Deutschlands. In der Veröffentlichung im ‚Fürstlich Schwarzenb. [sic!] Regierungs- und Intelligenzblatt'. Nr. 1. 3. Januar 1836

[5] Die Nationalsozialisten versuchten direkt nach der Machtergreifung, die gesamte deutsche Presse gleichzuschalten. Statt freier Berichterstattung sollte sie nun Propagandazwecken dienen. Nach dem Reichstagsbrand am 28. Februar 1933 schränkten die Nationalsozialisten die Meinungs- und Pressefreiheit mit der *Notverordnung zum Schutze von Volk und Staat* drastisch ein. Im September/Oktober 1933 wurden das Reichskulturkammergesetz und das Schriftleitergesetz erlassen. Mit ersterem erhielten alle Pressetätigen eine zwangsweise Mitgliedschaft in der Reichspressekammer. Über diese konnten die Nationalsozialisten de facto alle in der Presse Tätigen kontrollieren, da alle wichtigen Funktionen mit regimetreuen Parteimitgliedern besetzt wurden.

des Individuums im nachmittelalterlichen Denken zuerst der italienischen, dann der französischen Renaissance und schließlich – in der Aufklärung, wiederum zuerst in Frankreich (und in England) - die radikale Weiterentwicklung und Neubestimmung des Menschen, der sich als Individuum versteht und als ein eigenverantwortliches, rationales Wesen, das nicht mehr religiös oder metaphysisch, sondern letztlich durch Vernunft begründet ist.

Die konsequente Weiterentwicklung dieses Menschen- und Selbstbildes haben sich heute alle westlichen Demokratien zu Eigen gemacht. Das deutsche Grundgesetz trägt diesem Denken mit Artikel 5 ebenso Rechnung[6] wie der Artikel 19 der von allen UNO-Staaten unterzeichneten Genfer Menschenrechtskommission[7] oder die vom Europarat verabschiedete Europäische Menschenrechtskonvention[8]. Doch obwohl dieses Recht so hoch gehalten wird, dokumentiert die Organisation Reporter ohne Grenzen in ihrer Jahresstatistik 2007 zum Thema Pressefreiheit in den untersuchten 167 Ländern ein erhebliches Gefahrenpotenzial für Journalisten. Ganz am Ende rangiert Eritrea, nur wenig hinter Kuba, China, Irak, Saudi Arabien oder Russland (Platz 144). Norwegen und Island teilen sich den ersten Platz gefolgt von Estland und der Slowakei auf zwei dritten Plätzen. Deutschland folgt erst auf Platz 20. Andere große europäische Länder wie Frankreich (31), Spanien (33), Italien (35) oder Polen (56) folgen noch weiter unten auf der Liste. Das Resumée für Deutschland ist ernüchternd: „Erneute Ermittlungsverfahren gegen Journalisten wegen Beihilfe zum Geheimnisverrat, gesetzliche Regelungen und Vorschläge, die den Quellenschutz aushöhlen, Drohungen und Übergriffe gegen Journalisten, die im

---

[6] Artikel 5 Grundgesetz der Bundesrepublik Deutschland:
„(1) Jeder hat das Recht, seine Meinung in Wort, Schrift und Bild frei zu äußern und zu verbreiten und sich aus allgemein zugänglichen Quellen ungehindert zu unterrichten. Die Pressefreiheit und die Freiheit der Berichterstattung durch Rundfunk und Film werden gewährleistet. Eine Zensur findet nicht statt.
(2) Diese Rechte finden ihre Schranken in den Vorschriften der allgemeinen Gesetze, den gesetzlichen Bestimmungen zum Schutze der Jugend und in dem Recht der persönlichen Ehre.
(3) Kunst und Wissenschaft, Forschung und Lehre sind frei. Die Freiheit der Lehre entbindet nicht von der Treue zur Verfassung."
[7] Art. 19 der Allgemeinen Erklärung der Menschenrechte der Vereinten Nationen besagt:
„Jeder Mensch hat das Recht auf freie Meinungsäußerung; dieses Recht umfasst die Freiheit, Meinungen unangefochten anzuhängen und Informationen und Ideen mit allen Verständigungsmitteln ohne Rücksicht auf Grenzen zu suchen, zu empfangen und zu verbreiten."
[8] „Art. 10 Freiheit der Meinungsäußerung
(1) Jede Person hat das Recht auf freie Meinungsäußerung. Dieses Recht schließt die Meinungsfreiheit und die Freiheit ein, Informationen und Ideen ohne behördliche Eingriffe und ohne Rücksicht auf Staatsgrenzen zu empfangen und weiterzugeben. […]". Konvention zum Schutze der Menschenrechte und Grundfreiheiten. Abgeschlossen in Rom am 4. November 1950 in der Fassung des Protokolls Nr. 11; in Kraft getreten am ersten November 1998.

rechten Milieu recherchieren sowie Einflussnahme auf Redaktionen durch Anzeigenschaltungen"[9] sind es, die die Pressefreiheit bedrohen. In den letzten fünf Jahren (2003-2007) fanden weltweit 339 Journalisten in Ausübung ihrer Tätigkeit einen gewaltsamen Tod, die meisten davon im Irak.

Pressefreiheit komplex

Bei solcher Kritik stellt sich die Frage, ob nationale und internationale Gesetze und Vereinbarungen ausreichen, um Journalisten und damit die Informationsfreiheit zu schützen. Zwei Entwicklungen lassen sich von Heine aus bis zu uns nachzeichnen. Zum einen ist die Problematik der Pressefreiheit wesentlich komplexer geworden, weil in sich diversifizierenden Gesellschaften nicht mehr nur die bekannten politischen Kräfte den Ton angeben. Neben die Konfrontation des Einzelnen mit dem Staat sind heute vielfältige weitere Aspekte und Konflikte getreten. Die Pressefreiheit muss inzwischen an vielen Fronten verteidigt werden, weil sie sich an vielen Fronten gegen unterschiedliche Mächte zu behaupten hat. Wirtschaftliche Interessen versuchen neben staatlichen heute wohl am stärksten, Einfluss auf die mediale Berichterstattung zu nehmen. Dabei ist es zum einen legitim, dass sich Unternehmen, Verbände und andere Interessenvertretungen professionell am Meinungsaustausch und an der Meinungsbildung in der Öffentlichkeit beteiligen. Diese Unternehmungen nehmen damit als Corporate Citizen ihr Recht auf Meinungsfreiheit wahr. Zum anderen ist es legitim, dass sie sich der Kritik einer freien und unabhängigen Presse stellen und sich gegen jedwede Einflussnahme wehren. Das Vorgehen gegen und Brandmarken von Manipulationen durch verdeckte Öffentlichkeitsarbeit, Schleichwerbung und Koppelgeschäfte von Werbung und nicht gekennzeichneten, letztlich aber erkauften Beiträgen gehören ebenfalls dazu. Die steigende Anzahl juristischer Auseinandersetzungen zeigt, dass das komplexere System Schutzmechanismen gegen die neuen Angriffe zu entwickeln sucht.

Die zweite Entwicklung hängt damit direkt zusammen. Indem das Konfliktpotenzial heute zu einem wesentlichen Teil auch auf der ökonomischen Seite liegt, kommt Medienunternehmen eine prekäre Rolle im System zu. Sie dienen einerseits weiterhin als Garant der Freiheit der Presse, verfolgen aber ihrerseits wirtschaftliche Interessen, für die sie die eigenen Medien funktionalisieren (können) – von politischen Implikationen wie im Italien Berlusconis gar

---

[9] www.reporter-ohne-grenzen.de/rangliste-2007/rangliste-2007-allgemein.html. Zugriff: 26.5.2008

nicht zu sprechen. Hier werden die Medien für sich selbst zum Problem, indem sie, statt der Meinungsfreiheit zu dienen, für politische oder wirtschaftliche Zwecke eingesetzt werden und indem die Frage nach dem wirtschaftlichen Ertrag oder der politischen Macht vor derjenigen nach Transparenz und Ausgewogenheit der Berichterstattung rangiert. Eine ständige Nabelschau und der immer wieder aus den Redaktionen ertönende Ruf nach klarer Trennung von Geschäftsführung und Redaktion gehören inzwischen zum erlernten Repertoire kritischer Journalisten.

Wenn Medien unter ökonomischen Zwang geraten, dann ist auch die Frage nach dem Verhältnis von Privatsphäre und Recht auf Information neu zu definieren – der Bundesgerichtshof, das Bundesverfassungsgericht und der Europäische Gerichtshof haben eben dies mit den Caroline-Urteilen getan.[10] Doch die Konfrontation mit wirtschaftlichen Interessen muss die Pressefreiheit auch in anderen Zusammenhängen aushalten. Dabei gerät zudem das Gefüge des dualen Systems mit privatem und öffentlich-rechtlichem Rundfunk unter Druck. Dies zeigt exemplarisch der Fall „Christiansen" vom Januar 2008.

Die neue Realität: der Fall Christiansen

Sabine Christiansen präsentierte am 11. Januar 2008 im Ersten Programm die NDR-Produktion ‚Mein 2008'. Gäste waren unter anderem Daimler-Vorstand Dieter Zetsche, daneben mehrere Sportler, die für Daimler in der Öffentlichkeit stehen. Christiansen, wird kurz darauf vorgeworfen, sie stehe auf der Gehaltsliste von Daimler und die Auswahl der Gäste stehe damit in direktem Zusammenhang. Christiansen, so berichtet die Süddeutsche Zeitung in einem Beitrag vom 10. März 2008, „lässt über ihren Anwalt mitteilen, sie sei erst seit Ende Januar ‚Markenbotschafterin' von Daimler."[11] Das Prekäre daran: Kurz zuvor, Mitte Dezember 2007, hatte das ZDF der Fernsehgarten-Moderatorin Andrea Kiewel die Zu-

---

[10] Urteil des Bundesgerichtshofs, VI ZR 15/95, vom 19. Dezember 1995, Prinzessin Caroline gegen den Burda-Verlag.
Urteil des Bundesverfassungsgerichts, 1 BvR 653/96, vom 15. Dezember 1999, Prinzessin Carolin legt gegen das BGH-Urteil Beschwerde ein.
Urteil des Europäischen Gerichtshofs für Menschenrechte, Beschwerde-Nr. 59320/00, 24. Juni 2004, Prinzessin Carolin legt gegen das Urteil des Bundesverfassungsgerichts Beschwerde ein.
BGH-Urteil vom 6. März 2007, Prinzessin Carolin klagt gegen die Publikation von Urlaubsfotos in deutschen Illustrierten, VI ZR 13/06, 14/06, 50/06, 51/06, 52/06, 53/06.
Beschluss des Bundesverfassungsgerichts vom 26.02.2008 zum Urteil des BGH, der damit das Urteil des Bundesgerichtshofs in Teilen aufhebt, 1 BvR 1602/07, 1 BvR 1606/07, 1 BvR 1626/07.
[11] Keil, Christopher: Schleichwerbung für Daimler? In: Süddeutsche Zeitung, 10.3.2008

sammenarbeit aufgekündigt. Sie hatte, wie die Süddeutsche im gleichen Artikel berichtet, eine PR-Vereinbarung mit dem Unternehmen Weight Watchers und hatte, in der Talk-Show ‚Kerner' direkt darauf angesprochen, gelogen. Volker Herres, Programmdirektor des NDR und ab November 2008 vorgesehen für den Posten des Programmdirektors der ARD, stellte sich in einem Interview dieser Problematik.[12] Dabei trat neben dem eigentlichen Fall ein grundsätzliches Thema zutage. Herres' Ausführungen zeigen, wie sehr ökonomische und wettbewerbskritische Themen auf die Frage nach offener und transparenter Berichterstattung einwirken.

Zunächst verteidigt Herres das Vorgehen von Christiansen: „Für jeden Gast gab es journalistische Gründe. Schleichwerbung hat es nicht gegeben. Sabine Christiansen hat uns versichert, dass sie erst nach der Produktion von ‚Mein 2008' für Daimler tätig geworden ist." Herres versichert im Verlauf des Interviews, dass Christiansens Format – „wenn auch organisatorisch in der Unterhaltung angesiedelt, [...] unbestritten ein journalistisches Format" sei. Auf direktes Nachfragen des SZ-Redakteurs kommt es zu folgendem Dialog, der die Zwänge der öffentlich-rechtlichen Sender illustriert, der sie sich aufgrund ihrer Wettbewerbssituation ausgesetzt sehen. Die Antwort Herres' macht die problematische Priorisierung der wirtschaftlichen gegenüber der presserechtlichen und der moralischen Perspektive deutlich:

> SZ: Sie werden am 1. November Nachfolger von Günter Struve als ARD-Programmdirektor - was denken Sie über Fernsehmoderatoren und PR-Vereinbarungen?
>
> Herres: Da muss man unterscheiden zwischen denen, die journalistisch für uns arbeiten und jenen, die als Entertainer bei uns auftreten. Journalisten sollten die Finger von Werbung und PR lassen. Wir müssen aber auch aufpassen, dass wir in der Unterhaltung nicht so rigide werden, dass Stars für unsere Programme nicht mehr zu bekommen oder zu halten sind. Wir bewegen uns im Wettbewerb und im Markt. Und ich möchte, dass wir da so vital wie möglich agieren.

Letztlich siegt also der ökonomische Druck in Form des befürchteten Wettbewerbs über die schon mit einem ‚Sollte' abgeschwächte Forderung nach journalistischer Unabhängigkeit. Die Markt-Frage, so scheint es, bringt den zukünftigen Programmdirektor der ARD dazu, grundlegende journalistische Prinzipien dem

---

[12] Interview in der Süddeutschen Zeitung mit Christopher Keil. Ebd.

Wettbewerb zu opfern: ‚Sollte' ist von der grammatikalischen Form her in diesem Fall ein Konjunktiv II. Er hat einen bezeichnenden Beinamen: Irrealis.

Die Freiheit wird gestrichen

Doch nicht nur die Ökonomisierung der Medien lässt neue Bedrohungen für die Pressefreiheit entstehen. Auch technologische Entwicklungen – vor allem diejenigen, die mit der Entwicklung des Internet verbunden sind – werfen neue Probleme auf. Fragen der Glaubwürdigkeit und Transparenz bedrohen beim so genannten Bürgerjournalismus die Pressefreiheit einerseits, andererseits bieten die neuen technischen Voraussetzungen die Möglichkeit, die staatliche Zensur in vielen Ländern der Erde immer weiter zu unterlaufen. Totalitäre und autoritäre Systeme haben darauf reagiert – ebenso wie Reporter ohne Grenzen. Die Organisation listet in ihrem aktuellen Barometer im Internet nicht nur inhaftierte Journalisten sondern auch inhaftierte Online-Dissidenten auf. Deren Zahl ist Ende Mai 2008 mit 63 schon fast halb so groß wie die der Journalisten (130).

Es ist durchaus möglich, dass damit die staatlichen Versuche der Beschränkung – im vorliegenden Band noch umfassend gegenwärtig und Hauptkritikpunkt in der Mehrzahl der Beiträge – mittelfristig zum Auslaufmodell geraten und die anderen, neuen Bedrohungen der Pressefreiheit stärker ins Zentrum rücken. Auf ein schnelles Ende staatlicher Repression und die Förderung der Pressefreiheit hoffte indes schon Heinrich Heine:

> [W]enn wir in den Hamburger Correspondent setzen wollen: „meine liebe Gattinn ist in Wochen gekommen, mit einem Töchterlein, schön wie die Freyheit!" dann greift der Herr Doktor Hoffmann zu seinem Rothstift und streicht uns „die Freyheit".
>
> Wird dieses noch lange geschehen können? Ich weiß nicht. Aber ich weiß, die Frage der Preßfreyheit, die jetzt in Deutschland so heftig diskutiert wird, knüpft sich bedeutungsvoll an die obigen Betrachtungen, und ich glaube ihre Lösung ist nicht schwer, wenn man bedenkt, dass die Preßfreyheit nichts anders ist, als die Consequenz der Denkfreyheit [...][13]

---

[13] Heine, Heinrich: Zur Geschichte der Religion und Philosophie in Deutschland. In: Ders. Historisch-kritische Gesamtausgabe der Werke. (In Verbindung mit dem Heinrich-Heine-Institut) hrsg. von Manfred Windfuhr. Bd. 1 - 16. Hoffmann und Campe, Hamburg 1973 - 1997. Hier: Bd. 8/1 (1979), S. 37

Pressefreiheit ist das Barometer für Demokratie!

Der von der UNESCO ausgerufene Internationale Tag der Pressefreiheit

Von Dieter Offenhäußer

Der Welttag der Pressefreiheit am 3. Mai ist ein Angebot der UNESCO an diejenigen Journalisten und Medienschaffenden, die ihre Anliegen unter einem universellen Dach vortragen wollen. In Deutschland wird dieser Tag – trotz einiger lokaler Initiativen – meist übergangen. Die Ausrufung des Welttags der Pressefreiheit ist aber kein papiernes Dokument, von der UNESCO verabschiedet und sich selbst überlassen. Es ist auch keine Angelegenheit, die nur die UNESCO als Organisation betrifft und bei der sie Hauptakteur wäre. Nein, der Welttag der Pressefreiheit ist ein Angebot der Völkergemeinschaft an alle, die eigene Interessen in einem Nationen übergreifenden, universellen Rahmen verfolgen wollen. Ich bin seit 15 Jahren Pressesprecher der Deutschen UNESCO-Kommission (DUK) und seit drei Jahren auch deren stellvertretender Generalsekretär. Ich möchte Ihnen zunächst die UNESCO und die Deutsche UNESCO-Kommission kurz vorstellen.

Die UNESCO mit Hauptsitz in Paris ist die Organisation der Vereinten Nationen für Bildung, Wissenschaft, Kultur und Kommunikation. Im Englischen heißt es *United Nations' Educational, Scientific and Cultural Organization*. In der Praxis wird das „C" im Namen UNESCO zweifach besetzt, zum einen mit *Culture* und zum anderen mit *Communication*.

Die DUK ist – wie zum Beispiel auch das Goethe-Institut oder der DAAD – eine Mittlerorganisation der deutschen auswärtigen Kultur- und Bildungspolitik. Als Mittlerorganisation „vermittelt" sie zwischen der UNESCO-Zentrale in Paris und der Bundesregierung in Deutschland: Ihr erster Satzungsauftrag lautet, „die Bundesregierung in allen die UNESCO betreffenden Fragen zu beraten." Dabei muss man sich im Alltagsgeschäft unter der Bundesregierung hauptsächlich das Auswärtige Amt vorstellen, da dieses für alle UNESCO-Fragen das federführende Ministerium ist. Es bestehen unsererseits aber auch Kontakte zu allen anderen Ministerien auf Bundes- und Länderebene, die mit Bildung, Wissenschaft, Kultur oder Kommunikation befasst sind, natürlich auch zur Kultusministerkonferenz.

Wir „vermitteln" aber auch zwischen der Bundesregierung und der so genannten Zivilgesellschaft. Die UNESCO ist seit ihrer Gründung eine Organisation, die stets großen Wert auf die Zusammenarbeit mit Nichtregierungsorganisationen, Stiftungen, Fachverbänden, Institutionen und Organisationen der Zivilgesellschaft gelegt hat, ja auf diese in ihrer Arbeit angewiesen ist. Dies ergibt sich allein schon durch die Natur der Bereiche Bildung, Wissenschaft, Kultur und Kommunikation. Internationale Bildungs- und Wissenschaftspolitik sind nur mit Universitäten, Schulen und anderen Bildungsinstitutionen, mit Professoren, Lehrern, Studenten, Schülern und deren Verbänden denkbar. Medienpolitik erfordert die Zusammenarbeit mit Journalisten, Verlegern und anderen Medienschaffenden. Der Kulturbereich wird nur durch ein Zusammenspiel von Regierungsstellen, Kulturschaffenden und Künstlern ausreichend beleuchtet.

Die DUK hat ihrem Auftrag gemäß 100 Mitglieder, 16 Regierungsvertreter und 84 Vertreter der Zivilgesellschaft. Die Mitglieder im Medienbereich stammen zum Beispiel aus dem Deutschen Journalistenverband, dem Bundesverband der deutschen Zeitungsverleger, dem Bundestagsausschuss für Kultur und Medien, dem Adolf-Grimme-Institut und derzeit dem ZDF. ARD und ZDF wechseln sich in einem zweijährigen Rhythmus in der Mitgliedschaft ab. Diese Mitglieder bringen den medienpolitischen Sachverstand in die Kommission ein.

Aus internationaler Perspektive gesehen, ist die DUK eine von derzeit 193 nationalen UNESCO-Kommissionen weltweit. Diese Nationalkommissionen sind nicht direkt der UNESCO unterstellt, sondern sind von ihr unabhängig. Je nach den Gepflogenheiten des Landes, in dem sie sich befinden, haben sie einen unterschiedlichen rechtlichen und organisatorischen Status. Die DUK hat den rechtlichen Status eines Vereins und wird vom Auswärtigen Amt institutionell gefördert, wodurch die intendierte Regierungsunabhängigkeit zumindest unter finanziellen Aspekten eine nur relative ist, was aber wiederum nicht ausschließt, dass wir trotz finanzieller Abhängigkeiten ein ausgezeichnetes Arbeitsverhältnis zum Auswärtigen Amt haben.

Innerhalb dieses Dreiergeflechts aus internationaler Organisation, Bundesregierung und Zivilgesellschaft achten wir auf die Wahrung unserer eigenen Identität, was uns in vielen Bereichen auch bravourös gelingt. Soweit zur vielleicht für manchen etwas komplizierten Konstruktion der UNESCO und der DUK, die man kennen sollte, um zu verstehen, welchen Stellenwert ein Tag wie der 3. Mai innerhalb einer solchen Organisation hat und wie sie hier arbeitet.

Der 3. Mai wird weltweit mit einer zentralen Veranstaltung, in diesem Jahr in Medellín, Kolumbien, begangen. Er steht unter zwei Schwerpunktthemen: Zum einen *Safety of Journalists* und zum anderen *Impunity* – Straffreiheit, und zwar Straffreiheit von Tätern, die Journalisten bei der Ausübung ihres Berufes ermordet haben.

2006 war ein Jahr trauriger Rekorde: insgesamt sind über 150 Journalisten in Ausübung ihres Berufes weltweit getötet worden, 69 alleine im Irak, aber auch in anderen Konfliktregionen wie in Afghanistan oder Sri Lanka. Auch in Ländern wie Mexiko, auf den Philippinen, in Russland sowie den ehemaligen GUS-Staaten ist der Beruf des Journalisten ein sehr gefährlicher. Laut Angaben des *Committee to protect journalists* sind 1992 bis Oktober 2006 580 (eine andere Zahl lautet: 1100) Journalisten gewaltsam ums Leben gekommen. 71,4 Prozent davon wurden ermordet, 18,4 Prozent starben im Kreuzfeuer und 10 Prozent wurden unter anderen gefährlichen Umständen getötet. Es waren erstaunlicherweise nicht etwa wagemutige Auslandskorrespondenten, sondern zu 85 Prozent Lokaljournalisten, Menschen, Kolleginnen und Kollegen aus den Gegenden, aus den bekannten Milieus, in denen diese kriminelle Energie entsteht und sich entlädt. Opfer waren meistens Zeitungsreporter, die über politische Themen und über Korruption geschrieben haben.

Der Grund, warum das Thema *Impunity* in diesem Jahr zu einem Hauptthema wurde, ist der Skandal, dass 85 Prozent der Taten unaufgeklärt blieben und nicht strafrechtlich verfolgt wurden. Nur 7 Prozent der Täter wurden verurteilt. Das ist skandalös! Diese Zahlen sagen aber auch etwas aus über die Bereiche oder Areale, in denen man recherchieren müsste, um herauszubekommen, wer die Verantwortlichen für die Morde sind.

Die UNESCO beobachtet dieses Phänomen schon sehr lange. 1997 hat sie eine Resolution verfasst zum Thema *Condemnation of violence against Journalists*. Sicherlich sollte man an eine Resolution nicht zu viele Erwartungen knüpfen, da eine Resolution keine völkerrechtlich verbindliche Funktion hat. Dennoch können derartige Texte eine große moralische Wirkung entfalten. Nehmen Sie nur als bekanntestes Beispiel die Erklärung der Menschenrechte.

Es vergeht leider kaum ein Tag, an dem der UNESCO-Generaldirektor Koïchiro Matsuura nicht ein weiteres Opfer unter Journalisten beklagt. Er gibt dann eine Pressemitteilung heraus, die allerdings nicht immer von der internationalen Öffentlichkeit aufgegriffen wird. Dennoch geht von einer solchen Öffentlichkeit immer ein gewisser Druck auf die jeweiligen Regierungen aus. Das geschieht häufig auch hinter den Kulissen und ist selten eine Schlagzeile wert. Ich erinnere mich an Vorgänge in den letzten Jahren, in denen mit der laotischen Regierung hinter verschlossenen Türen über die noch immer in Arbeits- und Straflagern festgehaltenen Journalisten und Intellektuellen verhandelt wurde. Die Regierung war nicht bereit, irgend etwas zu unternehmen. In diesem Zusammenhang geschah es dann zum ersten Mal, dass der Generaldirektor mit einer Pressemitteilung an die Öffentlichkeit getreten ist und dieses Verhalten von Laos namentlich angeklagt hat. Aber nicht nur vermeintlich schwache Länder wie Laos kann es treffen. Auch Länder wie China oder Russland stehen hier im Scheinwerferlicht der UNESCO. Das Bewusstsein in der UNESCO über die Rolle und die Wichtigkeit von Pressefreiheit steht felsenfest. Ich zitiere Matsuura: „Every aggression against a journalist is an attack on our most fundamental freedoms; I call on all governments and public authorities to end the pervasive culture of impunity that surrounds violence against journalists." Das ist unsere Grundhaltung. Aber was kann eine Organisation wie die UNESCO tun?

Die UNESCO vergibt jährlich den *Guillermo Cano World Press Freedom Prize*, kurz: Den Weltpreis für Pressefreiheit, benannt nach dem kolumbianischen Journalisten Guillermo Cano, der selbst Opfer eines politisch motivierten Mordes wurde. In diesem Jahr ist der Preis – erstmalig posthum – an die russische Journalistin Anna Politkowskaja verliehen worden.

Der Preis wird seit 1997 vergeben und ist mit 25.000 Dollar dotiert. Er hat in der Vergangenheit schon einige politische Wirkung entfaltet: 1997 wurde er der Chinesin Gao Yu verliehen, 1998 der Nigerianerin Christina Anyanwu und 2004 dem Kubaner Raúl Rivero. Alle Preisträger wurden nach Verleihung des UNESCO-Pressepreises aus der Haft, in der sie sich zur Zeit der Ehrung befanden, entlassen.

Der Preis wird jährlich verliehen. Seine Verleihung ist auch ein oft willkommener Anlass, über den Stand von Demokratie und Pressefreiheit weltweit zu berichten. Pressefreiheit ist das Barometer für Demokratie. Das kann man auf unserem Globus mit meteorologischer Genauigkeit beobachten.

Warum befasst sich die UNESCO mit Medien und Pressefreiheit? Als Organisation der Vereinten Nationen für Bildung, Wissenschaft, Kultur und Kommunikation ist sie die Organisation mit dem breitesten Kompetenzspektrum. Sie hat 193 Mitgliedsstaaten und ist ein Kind des Zweiten Weltkrieges. Man hat damals festgestellt, dass ein Friede, der nur auf Verträgen zwischen Regierungen beruht, nicht nachhaltig ist. Daraus erwuchs die Erkenntnis, dass es notwendig ist, die Völker, *the peoples*, einander näher zu bringen. Das ist die Aufgabe der UNESCO. Die Zusammenarbeit der Menschen – unabhängig von Nation, Hautfarbe, Sprache, Religion, Geschlecht – in den Bereichen Bildung, Wissenschaft, Kultur und Kommunikation soll zu einem dauerhaften und nachhaltigen Frieden beitragen. Daraus entstand auch der Anspruch, sich in die Zivilgesellschaft hinein zu streuen.

Die UNESCO ist zwar eine zwischenstaatliche Organisation, eine Organisation, in der Regierungen zusammenarbeiten. Sie verfügt jedoch gleichzeitig über sehr viele Netzwerke, die weit in die Gesellschaft hineinreichen: 7000

UNESCO-Projektschulen weltweit, 6000 bis 7000 UNESCO-Clubs mit unzähligen ehrenamtlich arbeitenden Menschen, die sich für die Ziele der UNESCO über den ganzen Globus hinweg einsetzen, ein Netzwerk von über 850 Welterbestätten, von über 500 UNESCO-Lehrstühlen. Sie ist sehr auf die Unterstützung und auf die Zusammenarbeit mit Nichtregierungsorganisationen, mit Fachverbänden und Berufsverbänden angewiesen.

„Da Kriege im Geist der Menschen entstehen, muss auch der Frieden im Geiste der Menschen verankert werden." – so lautet die Mission der UNESCO. Dazu ein Zitat: „Ein ausschließlich auf politischen und wirtschaftlichen Abmachungen von Regierungen beruhender Friede kann die einmütige, dauernde und aufrichtige Zustimmung der Völker der Welt nicht finden. Frieden muss, wenn er nicht scheitern soll, in der geistigen und moralischen Solidarität der Menschen verankert werden und das soll geschehen durch die Zusammenarbeit zwischen den Völkern, um in der ganzen Welt die Achtung vor Recht und Gerechtigkeit, vor den Menschenrechten und Grundfreiheiten zu stärken, die den Völkern der Welt ohne Unterschied der Rasse, des Geschlechts, der Sprache, der Religion durch die Charta der Vereinten Nationen bestätigt worden sind. Um dieses Ziel zu erreichen, wird die UNESCO in allen Massenmedien bei der Förderung der Verständigung und der gegenseitigen Kenntnis der Völker mitwirken und internationale Vereinbarungen empfehlen, die den freien Austausch von Ideen durch Wort und Bild erleichtern."

Die Verbindung zu Medien war also schon 1948 in der Verfassung der UNESCO angelegt. Allerdings hatte man noch zum Teil heute etwas pathetisch und naiv wirkende Vorstellungen – Fernsehen zum Beispiel als reines Instrument der *education* und der Friedenserziehung. Das sehen wir heute etwas differenzierter.

1991 – also kurz nach dem Zusammenbruch der Blöcke und dem Ende des kalten Kriegs – fand in Windhoek, Namibia, ein Seminar, organisiert von UNO und UNESCO, zu Demokratie und Medienfreiheit statt. Diesem ersten Seminar sind fünf weitere gefolgt, ein Seminar in jeder Weltregion. Das Seminar in Windhoek hat Geschichte gemacht. Es stellte erstmals offiziell fest, dass eine unabhängige, pluralistische und freie Presse wesentlich für die Entwicklung und den Bestand von Demokratie und ökonomischer Entwicklung ist. Man legte Kriterien für eine unabhängige Presse fest, forderte Verfassungsgarantien für Presse- und Versammlungsfreiheit und betonte die Wichtigkeit unabhängiger Verlegerverbände und Journalistengewerkschaften für die Gründung unabhängiger, internationaler Medien. Der Tag der Verabschiedung dieser *Windhoek Declaration* am 3. Mai wurde auf der Generalkonferenz der UNESCO schließlich offiziell zum Internationalen Tag der Pressefreiheit bestimmt und von der UN-Generalversammlung anschließend als Welttag bestätigt.

Es war nicht zufällig, dass dieses Seminar in Afrika stattfand. Gerade in Afrika gab es damals große Hoffnungen auf Demokratisierung, begleitet von einem Aufblühen der Medienlandschaften in vielen Ländern. Man kann auch heute am Beispiel Afrika feststellen, dass in Ländern mit garantierter Pressefreiheit wie beispielsweise Namibia oder auch Mali am ehesten von demokratischen Verhältnissen gesprochen werden kann.

Der lange Prozess der Herausbildung von Öffentlichkeit im Zuge der Aufklärung ist die Luft, von der wir hier in Europa leben, ist die Luft, von der unsere freiheitlichen Demokratien leben. Ohne Massenmedien können sich Menschen keine Meinung bilden, bekommen keine Informationen und können leicht beeinflusst werden. Ohne eine lebendige, kontroverse, freie und pluralistische Öffentlichkeit ist ein Kreuz auf einem Stimmzettel nichts als die wenigen Dollar wert, die für die richtige Platzierung bezahlt wurden. Demokratie ohne Medienfreiheit, ohne pluralistische und unabhängige Medien, ohne Journalisten gibt es meines Erachtens nicht.

Wir vergessen leicht, welch kostbares Gut diese Zeitung ist, die wir jeden Morgen zum Frühstück konsumieren. Als ich vor einigen Jahren in Kuba war, gab es dort zwei Zeitungen, das Parteiorgan Granma und den UNESCO-Kurier. Die Menschen dort sind abgekoppelt vom Rest der Welt. Es besteht ein eingeschränktes Weltbild und die Menschen wissen nicht, was im Rest der Welt geschieht. Das gilt nicht nur für Kuba, sondern auch für Burma, für Laos, für viele afrikanische Länder.

Die Politik der UNESCO besteht darin, unabhängige und freie Medienlandschaften zu fördern. Eines ihrer Programme heißt *International Programme for the Development of Communication (IPDC)*. Es verfügt über ein Gremium innerhalb der UNESCO – den IPDC-Rat – mit 35 Mitgliedern, in dem sich Empfänger- und Geberländer gegenüber sitzen. Die Empfängerländer schlagen Projekte vor, und die Geberländer entscheiden darüber, ob diese teils spärlichen Gelder für ein bestimmtes Projekt eingesetzt werden. Es geht dabei zum Teil um nahezu lächerliche Beträge. Aber schon mit 10.000 Dollar kann man in Afrika zum Beispiel eine Radiostation einrichten. Auf diese Weise hat die UNESCO mittlerweile über 1000 Projekte in 139 Ländern für „nur" 90 Millionen Dollar gefördert. Das ist wenig Geld, aber es hat viel bewirkt.

Leider ist aber Medienförderungspolitik im Unterschied zu den 70er oder 80er Jahren keine entwicklungspolitische Priorität mehr im Rahmen der deutschen Entwicklungspolitik. Medienförderung als Demokratieförderung in Entwicklungsländern findet bei uns kaum mehr statt, was ich sehr schade finde. Auch die Stiftungen haben sich zunehmend aus der internationalen Medienförderung zurückgezogen. Damit haben sie einen sehr wichtigen Flügel beschnitten, den man wirklich braucht, wenn man weltweit demokratische Strukturen fördern will.

Die UNESCO arbeitet neben der Medienförderung im Rahmen des IPDC auch im Bereich der Beratung von Ländern bei der Mediengesetzgebung. Beispiele sind die Kapverdischen Inseln, der Kongo, der Irak, Indonesien, Kosovo, Afghanistan und die Nachfolgestaaten Jugoslawiens.

Wie arbeitet die UNESCO im Medienbereich? Auch hier braucht sie Partner: Nichtregierungsorganisationen und Fachverbände wie Human Rights Watch, Reporter ohne Grenzen, Index on Censorship, World Press Freedom Committee oder P.E.N.

Ich komme zum Schluss. Einer meiner Lieblingsgedanken stammt von Niklas Luhmann und er lautet sinngemäß: „Alles, was wir über die Gesellschaft und die Welt, in der wir leben, wissen, wissen wir durch Journalisten." Journalisten sind Realitätsvermittler, aber auch Wichtigkeitsfilter und Wahrheitswächter. Sie haben eine große Verantwortung.

Es gibt in der sich wandelnden Medienlandschaft neue Phänomene, die nicht unbedingt in die heute angesprochenen Raster passen. Daraus entstehen ganz neue Herausforderungen. Ein solches Phänomen beobachte ich auch bei meiner täglichen Pressearbeit. Es ist die zunehmende so genannte „Regression der Medien". Der sehr komplizierte Beruf des Journalisten mit den vielen sorgfältig erworbenen Fähigkeiten kommt oft nicht mehr hinreichend zum Zuge. Information wird mit Unterhaltung vermischt, Journalismus mit Public Relations und wirtschaftlichen Interessen, die Qualitätsstandards sinken. Heribert Prantl sagte dazu in der Süddeutschen Zeitung, und dem schließe ich mich an: „Es besteht wie noch nie seit 1945 die Gefahr, dass der deutsche Journalismus verflacht und verdummt, weil der Renditedruck steigt. Weil an die Stelle von sach- und fachkundigen Journalisten Produktionsassistenten für Multimedia gesetzt werden, wieselflinke Generalisten, die von allem wenig und von nichts richtig etwas verstehen. Aus dem Beruf, der heute Journalist heißt, wird dann ein multifunktionaler Verfüller von Zeitungs- und Webseiten."[14]

---

[14] Siehe Beitrag Heribert Prantl in diesem Band, S. 33

Der unheimliche Zerfall der Pressefreiheit[15]

Von Hans Leyendecker

Früher meinte Pressefreiheit wirklich Pressefreiheit und die Medien versuchten wahrhaftig, ihre Kontrollfunktion wahrzunehmen. Napoleon nannte den von Joseph Görres herausgegebenen Rheinischen Merkur die „fünfte feindliche Großmacht". Das war übertrieben.

Im März 1933 versuchten Zeitungen wie das Berliner Tageblatt, die Vossische Zeitung und die Frankfurter Zeitung den Rechtsstaat zu verteidigen, als Politiker und Gewerkschaften schon verstummt waren. Das war mutig.

1962, vor gut 45 Jahren, stürmten Polizeibeamte nächtens das Haus des Hamburger Spiegel-Verlags und durchsuchten die Räume nach geheimen Unterlagen, weil die Regierenden einen vermeintlichen „Landesverrat" gewittert hatten. Vier Wochen lang blieb das Hamburger Pressehaus von der Obrigkeit besetzt. Auf der Straße demonstrierten die Massen: „Spiegel tot, die Freiheit tot". Rudolf Augstein wurde zur Symbolgestalt für journalistischen Widerstand gegen eine Staatsmacht, die das Grundrecht der Pressefreiheit in Frage stellte.

Aber für welches Blatt, welchen Sender würden heute noch Menschen auf die Straße gehen?

Pressefreiheit war zu allen Zeiten in Gefahr und auch heute gerieten Journalisten nicht selten in das Fadenkreuz übereifriger oder wildgewordener Ermittlungsbehörden. Mehr als 150 Durchsuchungen und Beschlagnahmen bei Journalisten und in Redaktionen registrierte der Deutsche Journalisten-Verband (DJV) zwischen 1987 und 2000. Es ist bei dieser DJV-Auflistung allerdings nicht klar, wie viele dieser Verfahren sich auf die angebliche Beihilfe zur Verletzung von Dienstgeheimnissen oder ähnliche Delikte bezogen, oder ob es bei den Heimsuchungen auch um gewöhnliche Straftaten wie beispielsweise Urkundenfälschung handelt. Die juristischen Grenzen der Pressefreiheit setzt das Strafrecht. Aber es steht fest, dass die Staatsmacht immer wieder versucht, Informanten ausfindig zu machen, die vertrauliches Material an Journalisten weitergereicht hatten.

---

[15] Zuerst veröffentlicht in: Deutscher Presserat (Hrsg.) (2006): Jahrbuch 2006, Konstanz, S. 17

Auch wird manchmal unter dem Mantel des Persönlichkeitsschutzes die Aufklärung von Unrecht oder gar Verbrechen gefährdet. Das Stasi-Unterlagengesetz etwa wird zunehmend durch die Rechtsprechung pervertiert. Der im Sommer 2007 verstorbene Schauspieler Ulrich Mühe hatte in einem Buch behauptet, seine Ex-Frau habe für die Stasi gearbeitet und ihn ausspioniert. Sein Verlag musste die Passagen schwärzen, obwohl der Forschungsverbund SED-Staat Mühes Feststellungen bestätigt hatte. Unter Verweis auf den Persönlichkeitsschutz verbot das Berliner Landgericht sogar, den Beschluss zu dokumentieren.

Als das TV-Magazin Frontal 21 aus dem Abschlussbericht des Immunitätsausschusses des Bundestages über den Linkspartei-Fraktionschef Gregor Gysi zitierte, zog der vor das Hamburger Landgericht und erwirkte, dass zwei Zitate aus dem Bericht nicht mehr veröffentlicht werden dürfen. Als „Brüskierung der Arbeit des Parlaments und unzulässigen Eingriff in die Pressefreiheit" kritisierte der SPD-Bundestagsabgeordnete Dieter Wiefelspütz, ein ehemaliger Richter, die Entscheidung des Gerichts: „Selbstverständlich muss es möglich sein, aus diesem Bericht zu zitieren. Selbstverständlich muss es möglich sein, die Schlussfolgerungen, die Bewertungen zu zitieren" erklärte der Sozialdemokrat.

Auch sind in den letzten Jahren die Begehrlichkeiten des Staates nicht geringer geworden. Weil seit einer Änderung der Strafprozessordnung im Jahre 2001 Journalisten, wenn es um Telefondaten geht, nicht mehr zur besonders geschützten Gruppe der „Berufsgeheimnisträger" gehören, versuchen Strafverfolger immer wieder, mit Hilfe der Telekommunikationsüberwachung Informanten ausfindig zu machen.

Dabei hatte das Bundesverfassungsgericht 2003 betont, dass „derartige Eingriffe nur gerechtfertigt sind, wenn sie zur Verfolgung einer Straftat von erheblicher Bedeutung sind". In seinem Cicero-Urteil vom Februar 2007 warnte das oberste Gericht Legislative und Exekutive eindringlich davor, das Grundrecht der Pressefreiheit den vermeintlichen Interessen der inneren Sicherheit zu opfern.

Bereits in seinem berühmten Spiegel-Urteil hatte das höchste deutsche Gericht das Schutzbedürfnis der Presse klar umschrieben. Zur Pressefreiheit, schrieben die Karlsruher Richter, gehöre „ein gewisser Schutz des Vertrauensverhältnisses zwischen Presse und privaten Informanten". Das Redaktionsgeheimnis müsse gewahrt werden. Strafverfolger müssten das Gebot der Verhältnismäßigkeit beachten.

Die Pressefreiheit ist also vielfältig bedroht und auch der Deutsche Presserat hat in seiner langen Geschichte immer wieder die Gefährdungen beschrieben und auf Fehlentwicklungen aufmerksam gemacht. Er beklagte Eingriffe in die Presse- und Informationsfreiheit, nahm Stellung zu Konzentrationserscheinungen in der Presselandschaft und gab nimmermüde Stellungnahmen im Zusammenhang mit neuen Gesetzen ab.

Die Gefahren sind nicht geringer geworden. Wie etwa soll das Redaktionsgeheimnis gewahrt werden, wenn es von innen zerfressen wird? Oft diktieren Exklusivitis und Sensationshascherei das Tagesgeschäft und die Grenzen von Information, Kommentar und Unterhaltung werden verwischt. Wir leben heute in einer aufgeregten Zeit, in einer permanenten Gegenwart, ohne Vergangenheit, ohne Zukunft. Ständig wird eine neue Sau durchs Dorf getrieben, es sind ganze Herden von Schweinen unterwegs. Immer häufiger geht es um Effekte und Schnelligkeit. Chefredakteure, Intendanten und Verleger, die kein Geld in Qualitätsjournalismus stecken und stattdessen nur auf Effekte setzen, gefährden die Pressefreiheit mehr als so mancher wild gewordene Staatsanwalt.

Nach der Bundestagswahl 2005 setzte eine Debatte über das Selbstverständnis der Medien ein. Medien erlitten einen Vertrauensverlust, weil angebliche Analytiker und Kolumnen-Schreiber Meinungsumfragen zur Grundlage von Kommentaren machten und ihren Lesern Kabinettslisten einer neuen Regierung präsentierten, die dann nicht gewählt wurde.

Ein Wettlauf um die Deutungshoheit, den neuesten Trend, die neueste Nachricht endete im Nichts. Pseudogewissheiten erwiesen sich als Stimmungsmache. Eine Gruppe neoliberaler Großpublizisten versuchte, Politik zu machen und gerierte sich als gleichberechtigter Mitstreiter im politischen Geschäft, obwohl sie von niemandem dazu legitimiert worden war. Je schriller die Kritik, umso größer die Aufmerksamkeit. Marktschreier wollen den Markt erobern. Wenn alles Markt ist – ist nichts Journalismus.

Eitelkeit, Wichtigtuerei und Prinzipienlosigkeit bestimmen häufig den Alltag. Die Spitzel-Affäre des Bundesnachrichtendienstes (BND) etwa war ein Skandal des Auslandsnachrichtendienstes, aber auch ein Presseskandal. Eitle, zu allen Diensten unheimlich bereite Journalisten, lieferten dem BND-Abwehrchef jahrelang Interna aus dem Pressebetrieb. Sie versuchten, die Quellen der Konkurrenz ausfindig zu machen und die Redaktionsgeheimnisse anderer Blätter zu enttarnen. Einer von ihnen verriet sogar die eigenen Quellen. Manchmal, so scheint es, ist das Speisezimmer des Journalismus der Abort des Lebens.

Die Aufarbeitung dieser Affäre durch die Medien war eine Zustandsbeschreibung der Branche: Die meisten der großen Blätter schwiegen oder spielten die Affäre herunter. Ein Sumpf der Kameraderie, der Verfilzungen und Inkompatibilitäten der wirtschaftlich miteinander verbundenen Cliquen wurde sichtbar. Jeder lobt jeden auf Gegenseitigkeit und es ist schon ein seltsames Phänomen, dass alles der Kritik durch die Presse ausgesetzt ist, nur nicht die Presse selbst.

Wo der Sehnerv in das Auge eintritt, ist nicht, wie man vermuten könnte, der Inbegriff der Sehkraft, sondern der so genannte „blinde Fleck". Die Presse hat ihren blinden Fleck häufig dort, wo sie selbst mit sich konfrontiert ist. Die Zusammenhänge zwischen Redaktion und Administration, zwischen Text und Inseraten, werden immer dichter. Ständig werden Grenzen von Information und Werbung verwischt. Anzeigenkunden erreichen freundliche Berichterstattung durch die Gewährung von Anzeigen. Verlage kommen ihnen in vorauseilendem Gehorsam entgegen. Welches Regionalblatt traut sich noch, kritisch über den Discounter an der Ecke zu berichten, der jede Woche großflächig inseriert? Zeitungshäuser sind keine Wurstfabriken.

Eigentlich ist das Gebot in Ziffer 7 des Pressekodex des Deutschen Presserates geregelt: „Die Verantwortung der Presse gegenüber der Öffentlichkeit gebietet, dass redaktionelle Veröffentlichungen nicht durch private oder geschäftliche Interessen Dritter oder persönliche Interessen der Journalistinnen und Journalisten beeinflusst werden. Verleger und Redakteure wehren derartige Versuche ab und achten auf eine klare Trennung zwischen redaktionellem Text und Veröffentlichungen zu werblichen Zwecken."

Das Trennungsgebot zwischen Redaktion und Werbung wirkt angesichts der Realität manchmal altmodisch. Schleichwerbungsskandale erschütterten das Fernsehen, *Sponsoring* ist das Zauberwort unserer Tage. Die PR-Industrie wird immer stärker und auch einflussreicher. Konzerne wie VW richten eigene TV-Studios ein und manche Fernseh-Teams holen sich die Filme gleich in Wolfsburg ab. Werbe- und Media-Agenturen erweisen sich als sehr erfindungsreich, um mit Werbe-Ideen die redaktionelle Unabhängigkeit auszuhebeln.

Der Presserat und auch das Netzwerk Recherche, in dessen Vorstand der Autor sitzt, kritisieren nimmermüde die auffällige Platzierung von Produkten in Printmedien und im Fernsehen. Der Leipziger Kommunikationswissenschaftler Michael Haller, früherer Spiegel-Redakteur, beobachtet eine Vermengung von Werbung und Redaktion bis tief in die Lokalteile der Tageszeitungen. Selbst Nachrichtenagenturen liefern heute, verdeckt oder offen, PR-Material. Die Entwicklung wird beklagt, aber löst keine Grundsatzdiskussionen aus.

Stattdessen werden hierzulande Phantomdebatten über Pressefreiheit geführt. Beispielhaft waren die Reaktionen auf ein Urteil des Europäischen Gerichtshofes für Menschenrechte im Jahr 2004. Eine Kammer des Gerichtshofes hatte einer Beschwerde der Prinzessin Caroline von Monaco stattgegeben. Ihre Hoheit hatte gegen die Veröffentlichung heimlich aufgenommener Fotos Beschwerde eingelegt, und die Richter hatten ihr Recht gegeben. Fotos sollen künftig nur dann veröffentlicht werden, wenn sie einen Prominenten bei öffentlichen Anlässen zeigen oder einen „Beitrag zur Debatte mit Allgemeininteresse" leisten. Medien sollen, ähnlich wie in Frankreich, Fotos aus dem Privatleben von Prominenten nur dann zeigen dürfen, wenn diese vorher eingewilligt hätten.

Das Straßburger Urteil führte zu einer großen Koalition deutscher Medienkonzerne: Von Holtzbrinck bis Springer, von Gruner + Jahr bis Burda – Deutschland ein einiges Verlegerland. Die Pressefreiheit sei in Gefahr, teilte der Verband deutscher Zeitschriftenverleger dem damaligen Bundeskanzler Gerhard Schröder mit. Mehr als 60 deutsche Chefredakteure warnten, es sei künftig damit zu rechnen, dass investigative Geschichten unzulässig seien.

Vorsätzlich wurde mit dem Hinweis auf die angebliche Gefährdung der Pressefreiheit Politik gemacht. „Es besteht kein Anlass für die Schreckensszenarien, die Chefredakteure und Verleger jetzt zeichnen", erklärte der Bundesverfassungsrichter Wolfgang Hoffmann-Riem, der dem mit Fragen des Medienrechts und des Persönlichkeitsschutzes befassten Ersten Senat des obersten deutschen Gerichts angehört. Seine Maxime sei immer gewesen: „Im Zweifel für die Pressefreiheit", aber die Straßburger Entscheidung habe einen „engen Anwendungsbereich. Sie erlaubt weder Zensur, noch bedeutet sie einen Anschlag auf die Wächterrolle der Presse."

„Da lief eine verlogene Debatte", stellte der Essener Anwalt Stephan Holthoff-Pförtner fest: „Es ging um Kohle für einige Verlage und die machten eine Kampagne daraus. Bedroht war nicht der investigative Journalismus, sondern der Kloakenjournalismus". Holthoff-Pförtner, der unter anderem auch Anwalt von Helmut Kohl ist, gehört zur Familie eines Mitgesellschafters des Verlages der Westdeutschen Allgemeinen Zeitung, der auch bunte Blätter verlegt. Die Bundesregierung legte keinen Einspruch gegen das Straßburger Urteil ein.

Das Urteil erwies sich für einige bunte Blätter, die früher unter dem Namen Soraya-Presse zusammengefasst wurde, als gefährlich. Professor Udo Branahl, der am Institut für Journalistik der Universität Dortmund arbeitet, fasste die „Schlussfolgerungen des Urteils" so zusammen: Es gewähre „prominenten Personen, die keine Amtsträger sind, Schutz gegen die Verbreitung von Aufnahmen, die heimlich oder gegen ihren Willen angefertigt worden waren und sie bei privaten Verrichtungen in der Öffentlichkeit zeigen, ohne einen Beitrag zu einer Debatte von allgemeinem gesellschaftlichen Interesse zu liefern".

Übersetzt heißt das: Wenn der Fußballspieler Oliver Kahn mit dem Waschbeutel in der Hand vor dem Haus einer Bekannten fotografiert wird, darf das Foto nur gezeigt werden, wenn das angebliche Liebesverhältnis Auswirkungen auf die Torwartleistung hat. Na und?

Medienmacher sollten sich nicht zu wichtig nehmen und, wenn es um Geschäfte geht, nicht über Pressefreiheit faseln.

Die medialen Bedeutungsträger unserer Tage können von Augstein lernen. Wenn sich Diskutanten über Themen wie die Presse als vierte Gewalt zu sehr erhitzten, erzählte Augstein gern die Geschichte von einem einst in einem kleinen Dorf lebenden ungarischen Schuster. Der habe ein kleines Einmonatsblatt herausgegeben und sich gebrüstet: „Was wird der Zar sich am Montag ärgern."

Über den Hochverrat[16]

Sind wir Journalisten oder Trommelaffen? Früher war die Pressefreiheit vom Staat bedroht. Heute besorgen die Medien das selbst

Von Heribert Prantl

Unser journalistischer Urahn Philipp Jakob Siebenpfeiffer, geboren im Revolutionsjahr 1789, war ein kämpferischer Mann, einer, der sich den Mund nicht hat verbieten und den Schneid nicht hat abkaufen lassen. Er war Schüler des liberalen Staatsrechtslehrers Karl von Rotteck, wurde mit 29 Jahren Landkommissär des Kreises Homburg in der Rheinpfalz, geriet aber bald mit dem Regime aneinander. Er trat aus dem Staatsdienst aus, wurde hauptberuflich bürgerlicher Revolutionär, demokratischer Volksmissionar, Journalist, Verleger und Streiter gegen die Zensur.

„Die Zensur ist der Tod der Pressfreiheit und somit der Verfassung, welche mit dieser steht und fällt", schrieb er in seiner Zeitung. Als die Regierung seine Druckerpresse versiegelte, verklagte er sie mit dem Argument: Das Versiegeln von Druckerpressen sei genauso verfassungswidrig wie das Versiegeln von Backöfen. Das ist ein wunderbarer Satz, weil darin die Erkenntnis steckt, dass Pressefreiheit das tägliche Brot ist für die Demokratie.

Vor 175 Jahren hat Siebenpfeiffer die Vaterlandsvereine „zur Unterstützung der freien Presse" mitgegründet und dann, im Mai 1832, zum Hambacher Fest eingeladen; dieses erste demokratische Fest war zugleich das erste große Fest der Pressefreiheit in Deutschland. Diese Pressefreiheit galt den liberalen Meinungsführern damals als das demokratische Urgrundrecht und als Universalrezept zur Gestaltung der Zukunft; in dem Zauberwort Pressefreiheit flossen alle politischen Sehnsüchte zusammen. Was die blaue Blume für die romantische Literatur war, das war damals, für die ersten deutschen Demokraten, die Pressefreiheit: „ ... die Welt hebt an zu klingen, triffst Du nur das Zauberwort". Der Kampf gegen die Zensur, das war der Kampf gegen die alte Ordnung.

---

[16] Zuerst veröffentlicht in: Süddeutsche Zeitung, 27.02.2007

Ein Jahr nach dem Hambacher Fest begann der Hochverratsprozess gegen Siebenpfeiffer und zwölf weitere Angeklagte. Das außerordentliche Schwurgericht zu Landau in der Pfalz saß über die Aufrührer und über die Pressefreiheit zu Gericht. Siebenpfeiffer hat sie verteidigt wie kaum ein anderer; aber dieser Kampf ist nicht gut ausgegangen für ihn. Als der von den Bürgern gefeierte und vom Staat verfolgte Mann letztlich doch verurteilt worden war, floh er – mittlerweile kränklich – mit seiner Familie in die Schweiz. Er hatte keine Kraft mehr; und die Mitkämpfer von einst waren enttäuscht vom Aussteiger. Er wurde außerordentlicher Professor, litt unter wirtschaftlichen Nöten. Über seine letzten Jahre ist wenig bekannt. Er starb am 14. Mai 1845 in der Privatirrenanstalt von Bümliz. Man muss sich Siebenpfeiffer, den unbändigen Freiheitskämpfer, am Lebensende in der Zwangsjacke vorstellen. Das sei, schrieb sein Biograph Bernhard Becker, „ein Symbol für den weiteren Verlauf der Geschichte bis 1945".

Der große Freiheitskämpfer am Ende in der Zwangsjacke? Es ist ein unendlich trauriges Bild, ein Bild, das einen bekümmert, auch wenn man sich mit dem Journalismus von heute beschäftigt.

Die Zeiten der Zwangsjacke für die Pressefreiheit sind nämlich 1945 nicht ganz zu Ende gegangen. Es sind nur die Zeiten vorbei, in denen sich diese Zwangsjacken in der staatlichen Kleiderkammer stapelten und ein staatliches Hoheitsabzeichen trugen. Staatliche Fesselungsversuche gibt es auch heute noch in Deutschland – denken wir an die Durchsuchungsaktionen in Zeitungshäusern, Redaktionen und Privatwohnungen von Journalisten. Das Bundesverfassungsgericht hat zwar am Beispiel der Razzia beim Monatsmagazin Cicero die Staatsbehörden heftig gerügt. Aber schlimmer als Cicero-Razzien sind die geistigen Zwangsjacken, die sich der Journalismus selber anzieht: Zu beklagen ist eine Tendenz zur Vermischung von Information und Unterhaltung. Zu beklagen ist die Vermischung von Journalismus und PR. Zu beklagen ist die Verquickung von Journalismus und Wirtschaft – die Tatsache also, dass sich immer mehr Journalisten zu Büchsenspannern und Handlangern von Wirtschaftslobbys machen lassen. Mittlerweile gibt es Medienpreise für *Kritischen Journalismus*. Kritischer Journalismus – das sollte eigentlich eine Tautologie sein, ist es aber nicht.

Der Europäische Gerichtshof für Menschenrechte sprach im Jahr 2004 Caroline, der Prinzessin von Monaco, eine geschützte Privatsphäre auch außerhalb ihres Hauses zu; die Öffentlichkeit könne kein legitimes Interesse daran geltend machen, zu erfahren, wo die Prinzessin sich aufhält und wie sie sich allgemein in ihrem Privatleben verhält – und zwar auch dann nicht, wenn sie sich an Orte begibt, die nicht als abgeschieden bezeichnet werden. Zumal die Verleger und Chefredakteure von bunten Blättern sahen daraufhin das Ende der

Pressefreiheit nahen, weil das Caroline-Urteil das Persönlichkeitsrecht über Gebühr ausdehne. Doch was, bitte, ist die Prinzessin Caroline gegen den Dortmunder Verleger Lambert Lensing-Wolff?

Der Verleger Lambert Lensing-Wolff, ihm gehören die Ruhr-Nachrichten, hat die komplette Lokalredaktion seiner Münsterschen Zeitung vor die Tür gesetzt. Mitte Januar erfuhren 19 Redakteure, dass sie ab sofort von der Arbeit freigestellt seien. Am Freitag produzierten sie die letzte Ausgabe, die Montagsausgabe wurde schon von einer neuen Mannschaft verantwortet, die der Verleger geheim und abseits der Tarifbindung aufgebaut hatte. „Damit erreicht", so schrieb die Neue Zürcher Zeitung, „die Auslagerung journalistischer Arbeit aus den traditionellen Strukturen von Redaktion und Verlag eine neue Dimension". Schrittweise hatte Lensing-Wolff zuvor seine einstmals tausend Mitarbeiter in Redaktionen, Druckbetrieben, Vertrieb und Verwaltung in zahlreiche Tochtergesellschaften ausgegliedert. Die näheren Umstände des letzten Coups von Münster spotten jeder Beschreibung. Wegen angeblicher „Renovierung" hatten die langjährigen Blattmacher der Münsterschen Zeitung ihr Pressehaus in der Innenstadt räumen und in die Kantine des alten Druckhauses umziehen müssen, schließlich wurden die Diensthandys abgeschaltet und die Redaktionscomputer gesperrt. Die angebliche Renovierung des Blattes bestand also in der Einführung von *Manchester-Journalismus*.

Schlimmer als staatliche Fesseln (da kommt notfalls – wie nach der Cicero-Razzia – das Bundesverfassungsgericht zur Entfesselung) sind heute die Zwangsjacken, die so manche Verleger und Verlags-Manager dem Journalismus anziehen. Der Verleger Lensing-Wolff sagt dazu: „Outsourcing ist Teil einer Flexibilität, die wir zur Modernisierung brauchen." Er redet von einem neuen Konzept des „rasenden Reporters", der mit „Laptop und Kamera nah am Geschehen ist, der online, on air und für Print berichtet". Ein Journalist nach diesem Muster ist also künftig für alles und alles gleichzeitig zuständig – für Fernsehen, für Radio, für online, für Zeitung. Der Manchester-Journalist ist demnach ein Trommelaffe: Mit den Händen patscht er die Tschinellen zusammen, mit den Ellenbogen schlägt er die Trommel auf seinem Rücken, an die Füße kriegt er ein paar Klappern und Rasseln, in den Mund steckt man ihm eine Trompete. Das ist die neue Multifunktionalität der Pressefreiheit. So kehrt der Journalismus zurück zu seinen marktschreierischen Ursprüngen auf den Marktplätzen des Mittelalters.

Wer das als den ökonomistischen Spleen eines einzelnen Verlegers abtut, der weniger Verleger denn Renditier ist, der verkennt, dass zwar nicht das Trommelaffen-Konzept, aber doch eines, das man als Kobold-Konzept bezeichnen könnte, derzeit im Medien-Management große Sympathien genießt. In den sechziger Jahren des vorigen Jahrhunderts wurde von Vertretern an den Haustüren ein Kombinations-Staubsaugergerät verkauft: Der Kobold funktionierte nicht nur als Staubsauger, sondern, mittels von Zusatzmodulen, auch als Küchenmixer, Kaffeemühle, Farbpistole und Haartrockenhaube. Loriot hat das in seinem berühmten „Heinzelmann"-Sketch („Es saugt und bläst der Heinzelmann / Wo Mutti sonst nur saugen kann.") demonstriert: Ein und derselbe Motor kann einfach alles. Die Innovation bei der journalistischen Nutzung dieses Konzepts besteht darin, dass ein Motor, nämlich eine Zentralredaktion, künftig alles betreiben soll: den Staubsauger, den Küchenmixer, die Farbpistole und den Haartrockner. Ein Staubsaugerfachmann weiß aber, was Medien-Manager offensichtlich nicht wissen: Ein Motor packt das alles nicht.

Bei der WAZ gibt es jetzt eine rollende WAZ-Redaktion, in denen Redakteure im Kleinlaster durch die Städte rollen; das könnte eine gute Idee sein, wenn das nicht jene Städte wären, in denen zuvor Lokalredaktionen geschlossen wurden. So aber ist Bürgernähe in Wahrheit Stellenabbau und Verschlechterung der Arbeitsbedingungen. Pressefreiheit ist nicht die Freiheit, Redaktionen auszupressen oder sie, was immer öfter schon geschieht, durch redaktionelle Zeitarbeitsbüros zu ersetzen, als gelte es, ein Call-Center eine Weile am Laufen zu halten. Schon heute sagt jeder dritte Journalist, dass die Zeit fehle, „um sich über ein Thema auf dem Laufenden zu halten". Dadurch ist – und das mitnichten nur bei vielen kleinen lokalen Blättern – eine zentrale journalistische Aufgabe gefährdet: das Aufspüren von Entwicklungen, das Sammeln, Bewerten und Ausbreiten von Fakten und Meinungen.

Es besteht wie noch nie seit 1945 die akute Gefahr, dass der deutsche Journalismus verflacht und verdummt, weil der Renditedruck steigt; weil an die Stelle von sach- und fachkundigen Journalisten Produktionsassistenten für Multimedia gesetzt werden, wieselflinke Generalisten, die von allem wenig und von nichts richtig etwas verstehen. Aus dem Beruf, der heute Journalist heißt, wird dann ein multifunktionaler Verfüller von Zeitungs- und Webseiten. Solche Verfüllungstechnik ist allerdings nicht die demokratische Kulturleistung, zu deren Schutz es das Grundrecht der Pressefreiheit gibt.

Der Ruf des Journalismus leidet, und mit ihm leidet der Wert der Pressefreiheit. Wie sehr er gelitten hat, dafür sind die steigenden Zahlen von Durchsuchungs- und Beschlagnahmeaktionen ein Indiz; ein Indiz ist auch die bisher meist eher matte Reaktion der Öffentlichkeit darauf. Beschlagnahmeaktionen in Redaktionen werden betrachtet und bewertet wie die Durchsuchungen in Wurstfabriken: Irgendetwas Verdorbenes wird sich schon finden. Der Presse ist die Freiheit garantiert. Presse sind Journalisten, Verleger, Medienunternehmen. Die Pressefreiheit könnte entfallen, wenn diese Freiheit als Freiheit ohne Verantwortung missverstanden wird – und: wenn Medienunternehmen sich nur noch als Renditeunternehmen wie jedes andere auch verstehen. Manager, die glauben, die Herstellung von Druckwerken sei nichts anderes als die Herstellung von Plastikfolien, täuschen sich. Für die Hersteller von Plastikfolien gibt es nur die Gewerbefreiheit, aber kein spezielles, spezifisches Grundrecht.

Es hat einen Grund, warum es das Grundrecht der Pressefreiheit gibt: Pressefreiheit ist Voraussetzung dafür, dass Demokratie funktioniert. Wird dieser Grundsatz nicht geachtet, wird das Grundrecht grundlos.

Vor genau 175 Jahren ist der erste „Vaterlandsverein zur Unterstützung der freien Presse" gegründet worden. Man kann das schön nachlesen, in der soeben wunderbar neuedierten Zeitung Deutsche Tribüne aus dem Jahr 1832. Die Deutsche Tribüne, herausgegeben von Johann Georg August Wirth, war das bedeutendste Organ des Vormärz. Vielleicht müsste man so einen Presse-Unterstützungs-Verein heute wieder gründen. Vielleicht gibt es den Verein aber schon. Und er besteht schlicht aber ergreifend: aus unseren Leserinnen und Lesern.

Gefahr geht heute von Verlegern aus, die ein Grundrecht aushöhlen.

Pressefreiheit bedeutet nicht, Redaktionen nach Belieben auszupressen.

Pressefreiheit hat immer mit Öffentlichkeit zu tun

Von Markus Hurek

Das Monatsmagazin Cicero wurde im April 2004 vom ehemaligen Chefredakteur der Tageszeitung Die Welt, Wolfram Weimer, mit der Idee gegründet, ein intellektuell anspruchsvolles Debattenmagazin an den Kiosk zu bringen. Dafür fand er mit dem Schweizer Ringier Verlag einen geeigneten Partner.

Wir sind im April des Jahres 2004 mit dem Anspruch gestartet, 15000 bis 20000 Leser für dieses Magazin zu begeistern. Ein Magazin, das einzigartig ist, da die Cicero-Redaktion keine schreibende Redaktion ist. Das ist für die so genannte Cicero-Affäre wichtig und wesentlich. Wir sind insgesamt zehn Redakteure, Blattmacher und Produktioner, die jeden Monat freie Autoren, Politiker, Nobelpreisträger oder Literaten einladen, in Cicero zu schreiben. Wir bieten unseren Autoren quasi eine Bühne für gesellschaftspolitische und kulturelle Diskussionen, mitunter sind wir nach Erscheinen des Heftes selbst ein wenig erstaunt über die ausgelösten Debatten. Wir sind also im Wesentlichen ein Blattmacherteam, das Impulse nach außen gibt und vom Input von außen lebt.

Cicero ist ein sehr hochpreisiges Magazin, es ist wirklich sehr ambitioniert und war vom Start weg ein journalistisches und verlegerisches Wagnis. Im dritten Jahr des Erscheinens hat sich Cicero etabliert. Wir verkaufen jeden Monat eine Auflage von rund 70.000 Heften.

Schon zu Potsdamer Zeiten – seit 2005 sitzt die Redaktion in Berlin – hatten wir einen kleinen Pool kompetenter Autoren an uns gebunden. Zu dieser Runde zählte von Beginn an Bruno Schirra, ein investigativer Journalist, der lange für DIE ZEIT geschrieben hatte. Er kam als Kenner der Materie mit spannenden Themen aus dem Nahen Osten zu uns. Daraus ist eine gute Zusammenarbeit entstanden. Im Frühjahr 2005 bot er uns einen Text über den gefährlichsten Mann der Welt an, den inzwischen eliminierten Abu Mussab al-Sarkawi, ein Mitglied des Terrornetzwerks *Al Qaida*. Dieser war maßgeblich an Anschlägen beteiligt und unter anderem auch involviert in die Planung von Chemiewaffen-Attentaten. Die Geheimdienste waren auf ihn aufmerksam geworden, verloren ihn jedoch mehrfach aus den Augen. Diese Information hatte Schirra aus geheimen Unterlagen des BKA, die ihm zugespielt worden waren und diese Informationen hat er in den Artikel einfließen lassen. Wir haben den Text im April

2005 veröffentlicht, der damals außer der üblichen Leserreaktion und kurzen nachrichtlichen Erwähnungen in Tageszeitungen nicht weiter für Aufsehen gesorgt hatte.

Monate später, am 12. September 2005, ich hatte gerade meinen neugeborenen Sohn auf dem Arm, klingelte gegen acht Uhr mein privates Telefon. Es war unsere Sekretärin, die sehr früh schon in der Redaktion war, und mir in heller Aufregung mitteilte, ein Staatsanwalt stünde vor ihrem Schreibtisch und wolle den Chefredakteur sprechen. Da sie ihn nicht erreichen konnte, hatte sie mich angerufen. Also sprach ich mit dem Staatsanwalt, der mir erklärte, er sei mit einem Kollegen und einigen Polizisten da und sie würden gleich eine Hausdurchsuchung beginnen. Grund sei eine Veröffentlichung in Cicero aus dem April. In dem Text „Der gefährlichste Mann der Welt" hätten wir umfänglich aus einem geheimen BKA-Dokument zitiert und dieses Dokument werde nun in der Redaktion gesucht. Man habe einen gerichtlichen Durchsuchungsbeschluss und fange in 15 Minuten an.

Von Ferne sah man bereits, dass sich Großes in unserer Redaktion abspielte: Polizeifahrzeuge sicherten die Einfahrt, fast ein Dutzend fremde Männer standen im Hof, Beamte des BKA und des LKA Brandenburg. Die verteilten sich im Flur und den sechs Räumen unserer kleinen Redaktion.

Wie sollten wir uns verhalten? Sollten wir uns verweigern? Kooperieren? Niemand von uns hatte zuvor eine vergleichbare Situation erlebt. War das, was da geschah, rechtens? Es blieb auch keine Zeit, den inkriminierten Text noch einmal zu lesen... Wir entschlossen uns, soweit es der Informantenschutz zulässt, zu kooperieren.

Wir setzten uns mit den beiden Staatsanwälten in den Konferenzraum, gesichert von einem Polizisten. Sie legten uns einen richterlichen Durchsuchungsbeschluss vor, der ihnen erlaubte, die Redaktion mit folgendem Ziel zu durchsuchen: Man wolle all die Unterlagen haben, die belegen können, wer die Redaktion mit dem vertraulichen BKA-Dokument versorgt hat.

Wir konnten den Staatsanwälten sehr schnell sagen, dass es sich um einen Text von Bruno Schirra handelt, der uns von ihm geliefert wurde und zu dem wir keine weiteren Dokumente besitzen.

Auf Nachfrage erklärten wir, wie die Redaktion arbeitet, dass Recherchematerial von uns nicht gelagert wird sondern bei den Autoren verbleibt. Als wir klar gestellt hatten, dass bei uns keine Dokumente zu finden sind, bekamen wir beiläufig mitgeteilt, dass zur selben Zeit bei Bruno Schirra selbst eine Hausdurchsuchung durchgeführt wird.

Im Falle Schirras war das alles noch etwas dramatischer. Er bewohnt zusammen mit seiner Frau ein Haus auf einer kleinen Insel in der Havel. Man gelangt dort nur mit dem privaten Boot hin. Als die Staatsanwälte bei Schirra auftauchten, – mit Hilfe der Wasserschutzpolizei – weilte der gerade auf einer Sicherheitskonferenz in Tel Aviv. Bis heute wissen wir nicht, ob die Durchsuchung nicht vielleicht deshalb genau auf diesen Tag gelegt wurde. Aus den Akten wissen wir, dass das Haus von Schirra im Vorfeld durch die Polizei observiert worden war. Schirra war also in Tel Aviv und seine Frau, eine junge Ärztin, stand just an jenem Morgen im Operationssaal. Staatsanwaltschaft und Polizei hatten für ihre Durchsuchung einen Vorsprung von einigen Stunden. Schirras Frau und ein Anwalt waren erst um die Mittagszeit zugegen. Bei Bruno Schirra wurde das Dokument nicht gefunden, dafür beschlagnahmte der Staatsanwalt insgesamt über 100 Positionen so genannter Zufallsfunde, darunter Akten zur Leuna-Affäre, zu illegalen Waffengeschäften und alle Recherchematerialien Schirras für ein Iran-Buch, an dem er zu dieser Zeit schrieb.

Von diesen Ereignissen erfuhren wir erst später. Bei uns beschlagnahmten die Staatsanwälte sämtliche Redaktionsadressen, das Terminbuch und den Inhalt des Rechners, auf dem wir die E-Mails von Bruno Schirra empfangen hatten. Technisch läuft die Beschlagnahme der Festplatte so, dass Spezialisten eine Kopie der Platte ziehen und diese mitnehmen. Auf dem Rechner befanden sich sämtliche E-Mails und Adressen des Kollegen, inklusive einiger privater Schriftwechsel – was halt so auf einem Rechner über die Jahre anfällt.

Um die Frage zu beantworten, wie die Staatsanwaltschaft überhaupt auf die Idee kommen konnte, eine durch die Pressefreiheit eigentlich umfänglich geschützte Redaktion zu durchsuchen, wird es im Folgenden etwas juristisch:

Im Strafgesetzbuch gibt es den Paragraphen 353b, der verbietet es Geheimnisträgern, Geheimnisse zu veröffentlichen. Geheimnisträger in unserem Fall waren diejenigen im BKA, die mit dem von Cicero zitierten Bericht über den Topterroristen befasst waren. Ein Stempel mit der Aufschrift „VS- streng vertraulich, nur für den Dienstgebrauch" zierte das Dokument. Über die Qualität dieses Stempels kann man sich streiten, es gibt oberhalb dieses Stempels noch sehr viel höhere Geheimhaltungsstufen, aber geheim ist geheim. Derjenige, der das Dokument auf dem Schreibtisch hat, der beim BKA oder bei anderen Behörden ein solches Geheimnis zu wahren hat, macht sich strafbar, wenn er es nach außen gibt.

Soweit meines Erachtens in Ordnung, der Staat muss sicherstellen können, dass er Dinge, die er für schützenswert hält, auch schützt. Die mit unserem Fall befassten Staatsanwälte argumentierten nun so: Die Haupttat begeht ein Geheimnisträger, die kann ein Journalist nicht begehen. Aber sobald ein solches Geheimnis, das ein Geheimnisträger zu wahren hat, veröffentlicht wird, begeht derjenige, der es veröffentlicht, also in diesem Fall die Cicero-Redaktion, juristisch vertreten durch ihren Chefredakteur, Beihilfe. Die Beihilfe zu einer Straftat ist ebenfalls strafbar, und um die Beihilfe nachweisen zu können, wird das Mittel der Hausdurchsuchung gewählt.

Diese Konstruktion wurde seit 1987 bereits über 150 Mal gegen Journalisten angewendet. Sie machen aus dem Zeugen der Straftat einen Mittäter. Das ist perfide. Denn wenn das durchginge, könnte kein Informant vor Verfolgung sicher sein, der von einem Apparat heraus nach außen Informationen gibt.

Und es sind ja nicht immer unlautere Motive, aus denen heraus ein Geheimnisträger seine Verschwiegenheit bricht und mit Medien spricht. Im Gegenteil: Ist es doch für eine freie und offene Gesellschaft wichtig, dass Medien Missstände in Behörden etc. auch von Geheimnisträgern erfahren. So berichtet Bruno Schirra, dass er Informanten hat, die zwar grundsätzlich loyal zu ihrem Dienstherren sind, aber bestimmte Vorgehensweisen, wie das Abhören von Privatpersonen, nicht goutieren. Und die dann – unter dem Siegel der Verschwiegenheit natürlich – bestimmte Informationen an Journalisten weitergeben.

Wir erfahren im Beitrag von Kim Otto von dem Fall der Staatskanzlei, bei dem über den Schreibtisch eines unbescholtenen Beamten ein Schreiben geht, das eine interne Abstimmung zum Umgang mit der Monitor-Redaktion verlangt. Ein Sachbearbeiter bemerkt, wie damit umgegangen wird, nicht auf der Suche nach Wahrheit, sondern auf der Suche nach Verschleierung. Und dass dieser Beamte sagt, das stinkt mir, das will ich einem Journalisten stecken, das ist Teil des Prinzips, auf dem Pressefreiheit und auch Demokratie fußt. Das heißt, es ist enorm wichtig, dass Juristen bestimmtes Handwerkszeug nicht haben und dazu gehört dieser Paragraph 353b „Beihilfe zum Geheimnisverrat".

Der Durchsuchung in unserer Redaktion – das erfuhren wir im Nachhinein aus den Akten – war eine wochenlange interne Untersuchung beim BKA vorausgegangen. Man hatte auf Weisung des Innenministers Otto Schily eine umfangreiche Ermittlung begonnen. EDV-Spezialisten wussten sehr bald, dass es sich um ein E-Mail-Dokument handeln musste. In einem Abschlussbericht wurde dann festgehalten, dass zwischen 70 und 110 Mitarbeiter des BKA auf dieses Dokument Zugriff hatten. Man war sich klar, dass man an dieser Stelle nicht weiter kommt. Bis dahin ist das auch alles in Ordnung gewesen. Aber nun gingen die Ermittler zu weit. Sie überlegten sich nämlich einfach, die Untersuchung auf der anderen Seite fortzusetzen, bei uns Journalisten. Mit dem klaren Ziel herauszubekommen, wer der Informant im BKA war.

Nach Abschluss der Redaktionsdurchsuchung verging keine Stunde, da meldete Spiegel-online schon „Hausdurchsuchung bei Cicero". War diese Meldung positiv oder negativ? Wer ruft die Schweiz an und sagt den Kollegen, was passiert ist? Benötigen wir Rechtshilfe?

Das war eine ganz bewegte Zeit, bei der wir großes Glück hatten, weil sehr schnell andere Medien den Fall auf eine für uns sehr positive Weise aufgegriffen haben. Das verdanken wir mittelbar Otto Schily. Es gab zu dieser Zeit einen Zeitschriftenkongress in Berlin, auf dem Otto Schily Gastredner war, bei dem am Rande das Thema Cicero-Durchsuchung zur Sprache kam. Der Innenminister nutzte Mikrofon und Podium, um in den Kreis der Journalisten hineinzubrüllen. Teilnehmer berichteten von einer ungewöhnlich scharfen Medien-Schelte. Vor den Spitzen der Branche! Dieser Vortrag löste bei den Journalisten einen großen Zusammenhalt aus, was uns sehr zugute kam.

In diese Zeit fiel der Regierungswechsel, Wolfgang Schäuble wurde neuer Innenminister und hielt an der von Otto Schily abgegebenen Ermächtigung fest, die für diesen Paragraphen 353b von dem obersten Dienstherren abgegeben werden muss. Wolfgang Schäuble hat diese nicht zurückgezogen. Es gibt bei diesem Verfahren immer die Möglichkeit, dass ein Innenminister nach Abwägung aller Umstände, manchmal auch nach Abwägung von Informationen, die gar nicht öffentlich sind, die Ermittlungen stoppen lässt. Das tat Herr Schäuble nicht. Er hat sich zwar sehr verhalten und eigentlich gar nicht uns gegenüber geäußert, aber Otto Schily hatte die Marschlinie in einem Interview mit dem Spiegel vorgegeben. Es sei – kurz gefasst – eine Sauerei gewesen, was Cicero gemacht habe, und es habe mit Pressefreiheit überhaupt nichts zu tun, sondern es seien die Sicherheitsinteressen des Staates gefährdet gewesen und man würde mit aller Härte dagegen vorgehen. Das sei seine Meinung und nach dieser würde er auch handeln.

Viele Medien, insbesondere Spiegel und Süddeutsche Zeitung, unterstützten uns in der Zeit, räumten der Affäre in ihrer Berichterstattung breiten Raum ein und kommentierten sehr Cicero-freundlich. Das hat öffentlich eine Welle gemacht, die uns nach zehn Tagen hat spüren lassen, wir kommen vielleicht in die Oberhand, es sieht unter Umständen nicht so aus, dass wir uns am Ende vor Gericht verteidigen müssen.

Das Landgericht hat unsere Beschwerde mit der Begründung abgewiesen, dass nach den Buchstaben des Gesetzes und nach der Vorlage eines veröffentlichten, geheim gestempelten Dokumentes eine Beschwerde keine Aussicht auf Erfolg haben werde. Das war zwar ärgerlich, eröffnete uns allerdings die Möglichkeit, vor das Bundesverfassungsgericht zu ziehen. In einer Verfassungsbeschwerde behauptete Chefredakteur Wolfram Weimer, dass er, als Chefredakteur des Magazins, sein Grundrecht auf Pressefreiheit dadurch gefährdet sehe, dass man in seiner Redaktion nach Informanten gesucht und damit den Informantenschutz, den Informanten durch Redakteure genießen, versucht habe auszuhebeln.

Otto Schily, den er auf einer Veranstaltung in Berlin traf, wünschte uns siegessicher viel Spaß für das kommende Verfahren. Das hat uns damals nicht gerade ermutigt.

Es war, eine ganz bewegte Zeit. Was uns nach einem halben Jahr Mut gemacht hat war, dass die Staatsanwaltschaft mit dem Fall Weimer und dem Fall Schirra eine Hauptverhandlung eröffnen wollte, die die Richter nach Einsicht in die Akten nicht eröffneten. Die Verfahren wurden eingestellt. Ein erstes positives Zwischenergebnis. Ihren krönenden Abschluss fand die Geschichte am 27. Februar 2007 vor dem Bundesverfassungsgericht in Karlsruhe, das sich im Fall Cicero an ein Argument aus dem berühmten Spiegel-Urteil anlehnte: Dort wurde in einem Nebensatz bereits gesagt, dass immer dann, wenn Redaktionen mit dem Ziel durchsucht werden, die Informanten der Redaktion herauszubekommen, dies nicht rechtens ist. Das hätten die Staatsanwälte wissen können, das war damals etwas versteckt in einem Halbsatz, nun ist es der zentrale Leitsatz der Cicero-Entscheidung, die im Grunde sagt: Beihilfe zum Geheimnisverrat gibt es nach wie vor, das muss man ganz klar sagen. Natürlich kann ich als Journalist Beihilfe zu einem Geheimnisverrat begehen. Ich gehe auf einen BKA-Beamten zu und erkaufe mir Informationen. Das ist eindeutig Geheimnisverrat und gehört meines Erachtens auch bestraft. Das heißt, Journalisten können nicht von sich aus auf Informanten zugehen und ihnen mit Geld, mit Versprechungen, Informationen entlocken und sie dazu bewegen, Geheimnisse zu verraten. Das geht nicht, da werden auch das System und die Idee pervertiert. Wenn es aber jemandem auf der Seele brennt, er etwas loswerden möchte und einem Journalist übergibt, dann muss das möglich sein, denn darauf fußt letztendlich das, was wir tun. Wir bei Cicero viel weniger als Der Spiegel, als Monitor, als Medien, die davon wöchentlich oder täglich leben.

Das Bundesverfassungsgericht hat in unserem Sinne entschieden, der Paragraph 353b Strafgesetzbuch bleibt natürlich weiterhin bestehen, aber eine Beihilfehandlung dazu ist nicht gegeben durch reines Veröffentlichen, sondern nur dann, wenn der Mittäter aktiv etwas tut, damit dieses Geheimnis verraten wird, was bei uns nachweislich nicht der Fall war.

Man sagt, die Pressefreiheit sei das Barometer der Demokratie. Ich glaube, es scheint weiterhin die Sonne in Deutschland, aber unsere Erfahrung ist auch: Man sollte einen Schirm dabei haben.

Das Auskunftsrecht der Journalisten

Ein Praxisbericht

Von Sascha Adamek und Kim Otto

Es gibt kein Verbrechen, keinen Kniff, keinen Trick, keinen Schwindel, kein Laster, das nicht von Geheimhaltung lebt. Bringt diese Heimlichkeiten ans Tageslicht, beschreibt sie, macht sie vor allen Augen lächerlich. Und früher oder später wird die öffentliche Meinung sie hinwegfegen. Bekannt machen allein genügt vielleicht nicht – aber es ist das einzige Mittel, ohne das alle anderen versagen.   Joseph Pulitzer

Einführung

Ein Zitat von Joseph Pulitzer und eine gute Aufgabenbeschreibung für Journalisten die kritisch und investigativ arbeiten. Um Heimlichkeiten ans Tageslicht zu bringen, benötigen wir Journalisten die Pressefreiheit und auch deswegen ist sie eine Säule des demokratischen Verfassungsstaats. Durch ihre Informationen schaffen Journalisten die Basis dafür, dass sich jede Bürgerin und jeder Bürger frei informieren kann und so die in der Gesellschaft wirkenden Interessensgruppen erkennen kann. Das ist die grundlegende Voraussetzung, um möglichst unabhängig am Prozess der politischen Meinungs- und Willensbildung teilnehmen zu können.

Pressefreiheit im Grundgesetz

Gut, dass die Väter unserer Verfassung die Pressefreiheit im Grundgesetz verankert haben – sie ist ein einklagbares Grundrecht. Artikel fünf gewährleistet die Informations-, Meinungs- und Pressefreiheit. Das heißt zunächst: Jeder Bürger hat das Recht, sich aus allgemein zugänglichen Quellen zu informieren und seine eigene Meinung frei und öffentlich zu äußern. Diese Rechte sind in Art. 5 Abs. 1 und 2 des Grundgesetzes (GG) festgeschrieben. Journalisten brauchen dem gegenüber Informationen aus Quellen, welche dem normalen Bürger nicht zur

Verfügung stehen. Die Journalisten sollen die Bürger ausgiebig über das politische Geschehen informieren. Das Grundrecht der Presse- und Rundfunkfreiheit in Artikel 5 impliziert deshalb einen Auskunftsanspruch der Journalisten gegenüber staatlichen Stellen. Ebenso den Schutz des Vertrauensverhältnisses zwischen Journalisten und privaten Informanten; denn Informationsquellen tun sich oft nur dort auf, wo sich die Informanten auf die zugesicherte Vertraulichkeit verlassen können. Soweit so gut, so die Voraussetzung in unserer Verfassung. Dennoch war und ist die Pressefreiheit in Artikel 5 immer wieder Angriffen ausgesetzt.

Zurzeit spüren die Journalisten so etwas wie einen Kursverfall der Pressefreiheit in Deutschland. So ist Deutschland auf der Rangliste der Organisation Reporter ohne Grenzen in Bezug auf die Pressefreiheit jüngst von Platz 18 auf 23 abgerutscht. Dabei führt Reporter ohne Grenzen vor allem zwei Gründe an: Erstens hat in Deutschland die Bespitzelung von Journalisten, die Durchsuchung von Redaktionen und Privatwohnungen sowie die Beschlagnahmung von Recherche-Unterlagen zugenommen. Zweitens beklagt die Organisation, dass in Deutschland der Zugang zu amtlichen Daten immer noch erschwert sei. Auf den ersten Punkt werden wir im Folgenden nur kurz eingehen, weil sich bereits andere Autoren dieses Buches mit diesem Bereich intensiv beschäftigen. Hauptsächlich werden wir danach fragen, wie es mit dem Zugang zu amtlichen Informationen auf Bundes-, Landes- und EU-Ebene steht.

Informantenschutz der Journalisten

Politiker führen immer öfter ins Feld: Die Pressefreiheit werde missbraucht, wenn sie mit der Berichterstattung nicht einverstanden sind. Mit schwerwiegenden Folgen: In den letzten zwanzig Jahren wurden immer häufiger Redaktionen, aber auch Privatwohnungen von Journalisten durch die Polizei durchsucht. Geheimnisverrat lautet dann in der Regel der Vorwurf – Missbrauch der Pressefreiheit. Und das, obwohl Journalisten ihrer ureigensten Arbeit nachgehen: Sie decken Unregelmäßigkeiten in Staat und Verwaltung auf und greifen dabei auf Informanten aus Behörden oder auf von diesen zugespielte Dokumente zurück. Wer seine Informanten nicht preisgibt, muss mit den Folgen leben: Die Vorwürfe lauten dann: Beihilfe zum Geheimnisverrat des Informanten. Dazu eine erstaunliche Zahl: Von 1987 bis 2000 wurden mehr als 150 Zeitungsredaktionen, Funkhäuser sowie Privatwohnungen von Journalisten durchsucht und dabei Recherchematerialien beschlagnahmt. Dazu stellte der Deutsche Journalistenverband fest: In keinem einzigen Fall ist es zu einer Verurteilung gekommen. Am 27. Februar 2007 hat das Bundesverfassungsgericht zu dem Nachrichtenmagazin Cicero, das es zuletzt traf, ein für uns Journalisten beruhigendes Urteil gefällt. Das Gericht hat die Durchsuchung der Redaktionsräume von Cicero und die Beschlagnahme von Beweismitteln als rechtswidrig bezeichnet. Die Razzia habe die im Grundgesetz geschützte Pressefreiheit verletzt, insbesondere wurde der „verfassungsrechtlich gebotene" Informantenschutz missachtet. Ein klarer und guter Richterspruch. Umso erstaunlicher ist, dass im Sommer 2007 die Justiz wieder gegen 17 Journalisten ermittelt. Der Grund: Sie haben wieder ihren Job gemacht und aus Geheimakten des BND-Untersuchungsausschusses zitiert. Wieder lautet der Vorwurf: „Beihilfe zum Geheimnisverrat".

Das sind extreme Fälle, in denen die Pressefreiheit eingeschränkt wird. Wie steht es aber mit der alltäglichen Arbeit in der Redaktion? Zur Pressefreiheit gehört – wie bereits gesagt – auch das Auskunftsrecht der Journalisten gegenüber Behörden – wie sonst sollen Journalisten ihrer Arbeit nachgehen? Wie ist es um dieses Auskunftsrecht in Deutschland bestellt?

Auskunftsanspruch von Journalisten

Zunächst einige Anmerkungen zur gesetzlichen Grundlage des Auskunftsanspruches von Journalisten. Seit 30 Jahren streiten die Juristen darüber, ob sich aus der Verfassung ein unmittelbarer Auskunftsanspruch der Journalisten gegenüber der Verwaltung ergibt. Das Bundesverwaltungsgericht hat in einer Grundsatzentscheidung 1985 diese Auffassung zurück gewiesen. Allerdings betonte das Gericht ebenfalls, dass der Staat grundsätzlich die Pflicht hat, den Journalisten die Auskünfte zu erteilen. Dass die Behörden diesen Auskunftsanspruch erfüllen müssen, ergibt sich aus Artikel 34 GG in Verbindung mit § 839 BGB. In den jeweiligen Landespressegesetzen wird diese Informationspflicht des Staates entsprechend konkretisiert. Für Bundesbehörden gilt jeweils das Pressegesetz des Landes, in dem die Behörde ihren Hauptsitz hat. Das heißt, für die Bundesministerien gilt das Pressegesetz des Landes Berlin.

Wer ist nun auskunftsberechtigt? Nach den meisten Landespressegesetzen sind es die Vertreter der Presse, in Bayern, Hessen und Mecklenburg-Vorpommern die Presse ganz allgemein. Den Rundfunk beziehen die meisten Landespressegesetze ausdrücklich in den Kreis der Auskunftsberechtigten ein. Nur Bayern präzisiert den Personenkreis: „Die Presse kann ihr Recht auf Auskunftserteilung „nur durch Redakteure oder andere von ihnen genügend ausgewiesene Mitarbeiter von Zeitungen und Zeitschriften ausüben". In den anderen Ländern können grundsätzlich alle Mitarbeiter der Medien den Auskunftsanspruch geltend machen, wenn sie an der Beschaffung, Verarbeitung und Verbreitung von Nachrichten sowie an der geistigen Einflussnahme auf die

Meinungsbildung mitwirken. Das sind neben dem Verleger und Redakteuren auch freie Journalisten – selbst wenn sie nur gelegentlich für das Medium arbeiten. Im Zweifel werden sie sich durch Presseausweis oder ein Legitimationsschreiben der Redaktion entsprechend ausweisen müssen. So ist beispielsweise im § 4 des Hamburgischen Pressegesetzes formuliert: „Die Behörden sind verpflichtet, den Vertretern der Presse und des Rundfunks die der Erfüllung ihrer öffentlichen Aufgabe dienenden Auskünfte zu erteilen." Das Landesmediengesetz aus Rheinland-Pfalz geht noch weiter. In § 6 heißt es: „Die Behörden sind verpflichtet, den Medien die der Erfüllung ihrer öffentlichen Aufgabe dienenden Auskünfte zu erteilen." Wichtig: Das Auskunftsrecht gilt uneingeschränkt: Ob Journalisten der *ARD*, des Politikmagazins *Monitor*, des *Spiegel* oder der *BILD* recherchieren, auch ob die Journalisten als links oder rechts eingestellt gelten, darf keine Rolle spielen.

Einen Ausschluss aufgrund der Linie eines Blattes, einer Rundfunkanstalt oder eines einzelnen Journalisten darf es nicht geben. Bleibt die letzte, aber wesentliche Frage: Welche Auskünfte müssen nach den Landespressegesetzen geliefert werden – und in welchem Umfang? Der Auskunftsanspruch bezieht sich nach den Landespressegesetzen auf Tatsachen, welche der Behörde bekannt sind oder aber von dieser in Erfahrung gebracht werden können. Natürlich gibt es auch hier die bekannten Grenzen. So steht etwa in § 4 Abs. 2 des Nordrhein-Westfälischen Landespressegesetzes: „Ein Anspruch auf Auskunft besteht nicht, soweit durch sie die sachgemäße Durchführung eines schwebenden Verfahrens vereitelt, erschwert, verzögert oder gefährdet werden könnte oder Vorschriften über die Geheimhaltung entgegenstehen oder ein überwiegendes öffentliches oder schutzwürdiges privates Interesse verletzt würde oder deren Umfang das zumutbare Maß überschreitet."

Auskunftsanspruch von Journalisten in der Praxis

Das sind die unbestrittenen juristischen Grundlagen des Auskunftsanspruchs von Journalisten, aber wie steht es damit in der alltäglichen Praxis? Ob Bundes-, Landes- oder städtische Behörden – alle versorgen Journalisten bereitwillig mit Informationen: Täglich werden wir in der Redaktion mit Pressemitteilungen, Einladungen zu Pressekonferenzen und Hintergrundgesprächen bombardiert. Aber wie sieht es aus, wenn Journalisten ernsthaft anfangen, über die Arbeit der Verwaltung zu recherchieren? Dann ist es nach unseren Erfahrungen oft vorbei mit der Offenheit, gerade wenn es um kritische Themen geht. Dabei sind vor allem in solchen Situationen offene und vollständige Informationen für die Journalisten wichtig. Dazu ein Praxisbericht und Auszüge aus unserem Buch „Der gekaufte Staat"[17].

Ein Praxisbeispiel: Warum dürfen bezahlte Konzernvertreter in Ministerien arbeiten?

Kaum hatten die Wähler Rot-Grün 2002 eine knappe Mehrheit verschafft, wartete der frischgebackene Bundesinnenminister Otto Schily von der SPD mit einer spektakulären Idee auf: Ein „Personalaustauschprogramm" zwischen Bundesregierung und der Wirtschaft. Es trug den Titel „Seitenwechsel" und wurde als Element des Regierungsprogramms „Moderner Staat – Moderne Verwaltung" verkauft.[18] Vertreter von Konzernen sollten Schreibtische in Bundesministerien beziehen, umgekehrt sollten Bundesbeamte mal die frische Luft der freien Wirtschaft schnuppern. Diese Konzerne machten zumeist fleißig Gebrauch von der Möglichkeit, einen eigenen Schreibtisch in einem Bundesministerium zu ergattern: BASF, Bayer, BDI, BP, DaimlerChrysler, Deutsche Bank, Deutsche Telekom, E.ON, IBM und und und ... die Crème de la Crème der deutschen Wirtschaft war vertreten.

Die Idee begeisterte zunächst viele Mitglieder des rot-grünen Kabinetts, passte sie doch zu ihrer Vorstellung eines schlanken, modernen Staates in einer globalisierten Welt, der zugleich eng vernetzt wird mit den Brainpools aus Wirtschaft und Wissenschaft. Mehr als 100 Vertreter deutscher Konzerne aus Industrie, Versicherungs- und Bankenwesen haben seit dem rot-grünen Beschluss ihre Schreibtische in Bundesministerien bezogen, zwei von ihnen sogar im Rang eines Referatsleiters. Sie schreiben an Gesetzen mit und sind damit politisch immer am Ball. „Früher waren wir über Anhörungen in die Entscheidungsvorbereitung eingebunden. Das war oft zu spät. Heute sind wir sehr viel früher beteiligt an der Entwicklung von Maßnahmen. Das ist für uns ein wesentlich effizienterer Ansatz", so drückt es Heiko Stiepelmann, der Geschäftsführer des Hauptverbandes der deutschen Bauindustrie, unverblümt aus. Seine Lobbyistin arbeitet vier Tage in der Woche für ihn und den fünften Tag im Bundesverkehrsministerium, einer Schnittstelle für milliardenschwere Bauaufträge. Die „Leihbeamten" in den Ministerien bekommen ihr Monatssalär weiterhin von den Konzernen. Mit ihren bezahlten U-Booten erwerben die Unternehmensvorstände enormen Einfluss auf Regierungshandeln und jede Menge Insiderwissen.

---

[17] Adamek, Sascha/Otto, Kim (2008): Der gekaufte Staat. Köln: Kiepenheuer&Witsch Verlag
[18] Die Bundesregierung: Seitenwechsel - Schreibtisch tauschen. In e.conomy Nr. 37 /2006

Die Konzerne kaufen sich auf diese Weise ganz legal in staatliches Handeln ein. Umgekehrt könnte das Buch aber auch „Der verkaufte Staat" heißen, schließlich war es die Bundesregierung selbst, die den Wirtschaftsvertretern ihre Pforten öffnete. Der Staatsrechtler Hans Herbert von Arnim findet für die bezahlten Vertreter der Privatwirtschaft an Ministeriumsschreibtischen ein schlichtes, aber zutreffendes Wort: „Korruption".

Wir fanden zahlreiche Fälle des neuen verdeckten Lobbyismus. Vom Fluglärmgesetz über die Legalisierung der Heuschreckenfonds, den Ausverkauf öffentlicher Projekte an Baukonzerne, das Energiewirtschaftsgesetz, die Gesundheitsreform bis hin zu milliardenschweren Investitionsprojekten wie der Lkw-Maut – immer hatten Großkonzerne bezahlte Mitarbeiter in Ministerien platziert. In Hessen kontrollieren vom Flughafenkonzern Fraport selbst bezahlte „Leihbeamte" sogar die Einhaltung des Nachtflugverbotes. Auch die EU-Kommission greift auf „Leihbeamte" aus der Industrie zurück: Im Fall der EU-Chemikalienrichtlinie REACH war ein BASF-Mitarbeiter sogar erst in der EU-Kommission, dann im Bundeswirtschaftsministerium, um die Chemierichtlinie im Sinne der Industrie zu beeinflussen. Wer wirklich hinter die Kulissen dieser Schattenregierung blicken will, stößt zumeist auf eine Mauer des Schweigens.

Wir haben mit unseren Rechercheergebnissen den zuständigen EU-Verwaltungskommissar Siim Kallas aufgesucht, der auch für die Betrugsbekämpfung zuständig ist. Er ließ sich überzeugen, dass es so nicht geht. „Das Beste wäre, überhaupt keine Leute aus der Privatwirtschaft zu holen. Meine Vorstellung wäre, das total zu stoppen", sagt Kallas. Interessanterweise verweist der ehemalige estnische Ministerpräsident und heutige EU-Kommissar darauf, die Mitarbeit der Privatkonzerne sei „eine deutsche Idee". Die Schwelle, die ein politischer Skandal heute überspringen muss, scheint höher geworden zu sein – doch das spricht für eine tiefer gelegte politische Kultur. Immerhin veranlassten Berichte im ARD-Politikmagazin Monitor den Bundesrechnungshof zu einem äußerst ungewöhnlichen Schritt. Erstmals schwärmten Prüfer in alle Bundesministerien aus. Sie sollten kontrollieren, inwieweit durch die bezahlten Konzernvertreter das unabhängige Verwaltungshandeln des Staates gefährdet wird. Einem hochrangigen Mitglied der rot-grünen Bundesregierung ist die schicke Idee des „Crossing over" von Wirtschaft und Politik mittlerweile im Halse stecken geblieben. Rainer Baake, ehemaliger Umweltstaatssekretär, bereut seine damalige Zustimmung zum „Austauschprogramm": „Es kann nicht sein, dass wir im öffentlichen Dienst sparen und dann sagen, nun brauchen wir aber für die Erstellung von Gesetzesentwürfen die Privatwirtschaft, und dann schreibt sich die Privatwirtschaft die Gesetzentwürfe selbst. Das wäre eine Bankrotterklärung der Politik."

Im Laufe vieler Monate haben wir Ministerien und Behörden auf Landes-, Bundes- und EU-Ebene angefragt, wer in den Bürokratien für welchen Konzern an welchen Aufgaben arbeitet. Die meisten Antworten kamen mehr als stockend, bedurften erneuter Nachfragen und viele stehen noch heute aus. Deshalb mussten wir mit Abgeordneten aus dem europäischen Parlament, aus dem Bundestag und aus den Landesparlamenten zusammenarbeiten, um überhaupt einigermaßen Auskunft zu erhalten. Leider eine schon fast normale Zusammenarbeit von Journalisten und Politikern: Inzwischen ist es so schlecht mit unserem Auskunftsrecht bestellt, dass wir bei wichtigen Recherchen auf EU-, Bundes- und Landesebene mit Abgeordneten aller Parteien parlamentarische Anfragen stellen, um auch sicher zu gehen, dass uns die gesamte Auskunft gegeben wird.

Auskunftsanspruch bei Bundesministerien

Storys entstehen auf den unterschiedlichsten Misthaufen. Oder sie verstecken sich in erschreckend riesigen Heuhaufen. Höchst selten werden sie uns auf einem Silbertablett angeboten – dann allerdings ist erhöhte Vorsicht geboten. Im Fall der verdeckten Inside-Lobbyisten begann das Ganze mit einem zufälligen Zusammentreffen zweier ehemaliger Kollegen in der Hauptstadt Berlin. Sie kannten sich von ihrer Arbeit bei der Nordbank in Hamburg her. Der eine hatte einen spektakulären Arbeitgeberwechsel vollzogen und war als wissenschaftlicher Mitarbeiter bei der Linksfraktion im Bundestag gelandet. Eines Tages traf er seinen ehemaligen Kollegen auf der Straße. Und folgender Dialog spielte sich so oder so ähnlich ab:

> „Schön, dich zu sehen, wo arbeitest du denn hier?"
> „Im Bundesfinanzministerium."
> „Aha, dann hast du also auch die Seite gewechselt?"
> „Nee, ich arbeite zwar da, aber ich bin noch immer bei der Nordbank angestellt, und die bezahlen mich auch."
> Der verdatterte wissenschaftliche Mitarbeiter erfuhr dann noch, dass sein ehemaliger Kollege unmittelbar an der Novellierung des Kreditwesengesetzes arbeitete – also an einem Gesetz, dessen konkrete Ausformulierung seinen eigentlichen Arbeitgeber, die Nordbank, nicht unerheblich interessieren dürfte.

Wir erfuhren im August 2006 von dieser kleinen Anekdote und schickten im Namen der Monitor-Redaktion eine schriftliche Anfrage an das Bundespresseamt. Wir fragten schlicht, ob Mitarbeiter privater Unternehmen, von diesen bezahlt, in Bundesministerien sitzen und an Gesetzentwürfen mitarbeiten. Die Antwort flatterte nach gut einer Woche ins Haus und war noch weit schlichter als unsere beiden Fragen: Wir sind gar nicht zuständig, da müssen Sie bei den Bundesministerien einzeln anfragen. Das taten wir, doch nun hieß es, man habe sich jetzt koordiniert, das Bundespresseamt sei doch zuständig und würde schriftlich antworten. Drei Wochen nach unserer Anfrage hatten wir endlich die Antwort: In den letzten vier Jahren hätten 30 von privaten Firmen bezahlte Mitarbeiter in Bundesministerien gesessen. Diese hätten aber auf keinen Fall an Gesetzentwürfen mitgearbeitet und seien überdies nur auf Sachbearbeiterebene eingesetzt worden.

Abgesehen davon, dass wir durch eigene Recherchen inzwischen konkret von zwei Mitarbeitern aus privaten Unternehmen wussten, die an Gesetzentwürfen mitgearbeitet hatten, drängte sich eine grundsätzliche Frage auf: Von der Industrie bezahlte „Leihbeamte" in Ministerien – ist das völlig normal? Wir tragen zwar ebenso wenig wie der frühere Innenminister Hermann Höcherl permanent das Grundgesetz unterm Arm, aber laut Verfassung sollen Staatsdiener doch in einem besonderen Treueverhältnis zu ihrem Dienstherrn stehen, allein dem Gemeinwohl verpflichtet sein. Wie soll das gehen, wenn sie zwei Herren zugleich dienen?

Die Abgeordneten ahnten nichts vom Inside-Lobbyismus

Wir begaben uns zum Bundestag und sprachen mit einigen Abgeordneten. Zum Beispiel mit dem stellvertretenden Parlamentspräsidenten Wolfgang Thierse von der SPD. Er kommt mit ausholenden Schritten aus der Tür seines Parlamentsbüros. Wolfgang Thierse passt mit seinem Rauschebart nicht in diese Designerwelt aus Stahl und Beton. Zum Interview ist er sofort bereit. Er gilt nicht nur als Moralist, sondern auch als entschiedener Kämpfer für die demokratischen Grundprinzipien. Wolfgang Thierse ist völlig überrascht von unseren Informationen: „Ich kannte diesen Umstand nicht, dass Mitarbeiter von Firmen in Ministerien sitzen und an Gesetzesvorhaben vorbereitend mitarbeiten." Und besonders der Umstand, dass selbst einer von seinem Kaliber davon nichts weiß, geschweige denn der normale Abgeordnete oder Bürger, bringt ihn auf. Das Problem bestehe darin, dass mangelnde Transparenz Misstrauen erzeugen müsse. Lobbyismus an sich sei nicht unanständig, sagt Thierse. Er werde dann unanständig, wenn er im Verborgenen stattfindet. „Und wenn Einflussnahme auf den öffentlichen Gesetzgeber mit Geld, mit finanzieller Unterstützung verbunden ist."

Zwei Stunden später treffen wir den FDP-Vize Rainer Brüderle auf dem Gang des Jakob-Kaiser-Hauses, wo einige Abgeordnetenbüros untergebracht sind. Er wird oft als „Mister Mittelstand" bezeichnet und ist wohl selbst ganz stolz darauf. Er gilt als richtiger Wirtschaftsliberaler, dem die Freiheit des Marktes etwas Heiliges ist, ein Mann mit Standpunkt. Und sein Credo lautet: Weder soll der Staat in die Wirtschaft eingreifen, noch soll sich die Wirtschaft in die hoheitlichen Aufgaben des Staates einmischen. Denn der gibt den Ordnungsrahmen für die Wirtschaft vor. „Ich hätte es auch nicht für möglich gehalten, dass in dem Umfang von interessierten Unternehmen oder Verbänden tätige Mitarbeiter in die Gesetzgebungsmaschinerie der Bundesregierung Eingang finden", sagt Brüderle. Er sehe die Gefahr, dass hier eine neue Dimension von Einflussnahme entstehe. „Und deshalb muss man hier einen Riegel vorschieben."

Ein anderer kommt mit langsamen Schritten auf uns zu: Oskar Lafontaine. Der Fraktionsvorsitzende der Linken ist für die einen eine Offenbarung, für die anderen wird er immer ein Rätsel bleiben. Kaum ein anderer stieg so hoch und stürzte dann so tief wie er. Er war SPD-Vorsitzender und Kanzlerkandidat, die größte Hoffnung der Sozialdemokraten in den achtziger und neunziger Jahren. Umso unverständlicher schien sein Rücktritt von allen Ämtern am 10. März 1999. Man kann Lafontaine vieles vorhalten. Zwei Dinge allerdings nicht: Dass er ein Schwätzer ist, der die Überzeugungen wie die Hemden wechselt, und dass er keinen Humor hat. „Wenn man zynisch wäre", äußert er uns gegenüber, „würde man sagen: Die Regierung ist ehrlich geworden. In unserer Demokratie regiert ja nicht das Volk, sondern die Wirtschaftsverbände regieren, also könnte die Regierung sagen, warum nehmen wir nicht gleich die Vertreter der Wirtschaft in die Ministerien." Und dann wird Oskar Lafontaine ganz ernst: „Natürlich muss eine Demokratie so etwas strikt untersagen." Es könne nicht möglich sein, dass in dieser Form Einzelinteressen die Gesetze bestimmen, die ja für das Gemeinwohl bestimmt sein sollen.

Wir berichten schließlich im ARD-Politikmagazin Monitor am 19. Oktober 2006. Die Folge: Der Abgeordnete Volker Beck von Bündnis 90/Die Grünen stellt in einer Fragestunde des Bundestages am 25. Oktober 2006 die Bundesregierung zur Rede: „In welchen Bundesministerien und nachgeordneten Bundesbehörden werden Mitarbeiterinnen und Mitarbeiter aus Verbänden, Wirtschaftsunternehmen und überwiegend im Bundesbesitz befindlichen Gesellschaften beschäftigt?"

Für die Bundesregierung antwortet im Plenum Peter Altmaier, Parlamentarischer Staatssekretär im Innenministerium: „Derzeit sind bei uns keine Mitarbeiterinnen und Mitarbeiter aus Verbänden, Wirtschaftsunternehmen oder überwiegend im Bundesbesitz befindlichen Gesellschaften mit einem Zeitvertrag oder als interne Berater tätig." Empört erwidert Volker Beck: „Ich will ganz konkret wissen, in welchen Ministerien, in welchen Abteilungen es Mitarbeiter gibt, die nicht vom Staat für ihre Tätigkeit bezahlt werden, sondern von externen Unternehmen, Verbänden und dergleichen mehr."

Altmaier: „Ich möchte darauf hinweisen, dass Mitarbeiterinnen und Mitarbeiter, die für die Bundesregierung tätig sind, für diese Tätigkeit auch von der Bundesregierung bezahlt werden."[19] Daraufhin stellen die Fraktionen der FDP und der Grünen getrennt parlamentarische Anfragen an die Bundesregierung – wohlgemerkt fast gleichlautend zu unserer eigenen Anfrage zuvor. Die schriftliche Antwort der Bundesregierung an die Grünen ist mehr als pikant: „In den Bundesministerien und im Bundeskanzleramt sind für einen befristeten Zeitraum insgesamt 100 externe Mitarbeiterinnen und Mitarbeiter, die ganz oder teilweise von Unternehmen, Verbänden oder Gewerkschaften bezahlt wurden, in den letzten vier Jahren im Geschäftsbetrieb tätig gewesen. (...) Die externen Mitarbeiterinnen und Mitarbeiter werden in der Regel von der entsendenden Stelle vergütet"[20]

In der schriftlichen Antwort der Bundesregierung an die FDP-Fraktion heißt es: „Eine auf die Mitwirkung an Gesetz- und Verordnungsentwürfen ausgerichtete Tätigkeit besteht derzeit in vier Fällen."[21] Wohlgemerkt: „derzeit", über die vergangenen Jahre gibt die Bundesregierung keine Auskunft, obwohl danach explizit gefragt wurde. Dennoch gesteht sie ein, im Bundesverkehrsministerium arbeite ein Mitarbeiter des Deutschen Aero Club e. V. seit Juli 2006 befristet an einem Rohentwurf der 3. Änderungsverordnung zur Änderung luftrechtlicher Vorschriften über Anforderungen an das Luftfahrtpersonal. Außerdem arbeiten im Bundesfinanzministerium je ein Mitarbeiter vom Bundesverband Öffentlicher Banken, von der Kreditanstalt für Wiederaufbau sowie von der Deutschen Börse AG am neuen Kreditwesengesetz und dem Finanzdienstleistungsaufsichtsgesetz mit.

„Eine politische Einflussnahme auf Entscheidungen der obersten Bundesbehörden wird durch die Einbindung der externen Mitarbeiterinnen und Mitarbeiter in die hierarchischen Strukturen und die dadurch verbundenen Kontrollmechanismen ausgeschlossen"[22], behauptet die Bundesregierung gegenüber der FDP-Fraktion. Das entspricht nicht der Wahrheit. Nach unseren Recherchen wurden zwei externe Mitarbeiter sogar als Referatsleiter eingesetzt, also weit oben in der Entscheidungskette.

Offenbar hat die Bundesregierung nicht nur uns Journalisten, sondern auch den Abgeordneten Volker Beck falsch informiert. Beck sieht nicht nur das Auskunftsrecht der Presse verletzt, sondern auch das Fragerecht der Abgeordneten: „Da hat man das Parlament richtiggehend belogen."

---

[19] Drucksache 16/3052, Stenografischer Bericht der 59. Sitzung des Bundestages, S. 5772 f.
[20] Drucksache 16/3431
[21] Drucksache 16/3165
[22] Drucksache 16/3431

Doch auch die Liste der 100 Mitarbeiter, die die Bundesregierung ihren Antworten an die Oppositionsfraktionen beigefügt hatte, war nicht vollständig. Beispiel Bundesverkehrsministerium. Hier standen die Türen in den letzten vier Jahren für viele Lobbyisten weit offen: Mehr als 10 private Unternehmen und Verbände hatten in den letzten vier Jahren Mitarbeiter in dieses Ministerium entsandt. Beispielsweise hat die Bundesregierung einen Mitarbeiter von DaimlerChrysler uns und den Parlamentariern verschwiegen. Er hatte 2002 einen eigenen Schreibtisch im Ministerium und offenbar Zugang zu internen Dokumenten. Der Mitarbeiter war kein gewöhnlicher, sondern bei DaimlerChrysler Leiter der Abteilung Konzernstrategie – Verkehrspolitik. Er saß, bezahlt von DaimlerChrysler, im April und Mai 2002 im Verkehrsministerium, just zu der Zeit, als dort an dem Milliardenauftrag für die LKW-Maut gearbeitet wurde. DaimlerChrysler gehörte zu einem Bewerberkonsortium, das schließlich den Auftrag bekam. Und auch eine andere brisante Personalie wurde bei den ersten Antworten der Bundesregierung verschwiegen: Der Fall spielte sich im Gesundheitsministerium ab. Auch hier gingen die Lobbyisten ein und aus. Wieder nannte die Bundesregierung auf Anfrage weder uns noch den Abgeordneten den Mitarbeiter der Deutschen Angestellten-Krankenkasse, der mehrere Monate hier arbeitete, mit eigenem Büro und Zugang zum Kopierer. Er kopierte Dokumente und gab sie an seinen Arbeitgeber weiter. Fest steht: Diese waren nicht für die Öffentlichkeit gedacht – streng vertraulich, nur für den Dienstgebrauch. Nur zwei konkrete Beispiele, die nicht genannt wurden.

Der Stand heute: Mindestens 100 Lobbyisten saßen oder sitzen in den Ministerien. Auf Anfragen reagiert die Bundesregierung mit falschen oder unvollständigen Auskünften. Nur scheibchenweise kommt die Wahrheit ans Licht. Die Parlamentarier wollen es nun genauer wissen. Denn die Informationspolitik der Bundesregierung macht auch sie stutzig. „Wenn es sich erweisen sollte, dass Presse wie Parlament unrichtig und nicht nur unvollständig unterrichtet wurden und das womöglich sogar vorsätzlich geschehen ist, dann wäre das ein Skandal", sagt Volker Beck. Dem werde er jetzt in den Ausschüssen des Parlaments noch mal nachgehen, denn auch die jetzige Antwort sei nicht zufriedenstellend. Auch Rainer Brüderle fordert weitere Aufklärung: „Man kann die Bundesregierung nur ermahnen, ihre Auskunftspflicht gegenüber dem Parlament, aber auch gegenüber den Medien ernster zu nehmen und klar und korrekt Antwort zu geben."

Auskunftsanspruch bei Landesministerien
Informationsblockade im Land Hessen

Die Desinformationspolitik hat System – nicht nur auf Bundesebene. Nachdem unsere Recherchen in Berlin für einigen Wirbel gesorgt hatten, wandten wir uns dem Bundesland des langjährigen Ministerpräsidenten Roland Koch zu. Gern gibt Koch den Law-and-Order-Mann, doch mit den verbrieften Rechten von Journalisten nimmt es seine Landesregierung nicht so genau. Nach mehreren Anfragen zu den Fraport-Mitarbeitern in der hessischen Staatskanzlei haben wir verstanden: Wir erhalten – und einmal wird das auch ganz deutlich gesagt – einfach keine Antwort, weder mündlich noch schriftlich. Basta. Dabei wäre Kochs Regierung nach dem Gesetz auskunftspflichtig gegenüber den Medien.

Auch hier springt ein Abgeordneter in die Bresche. Frank-Peter Kaufmann, der für die Grünen im hessischen Landtag sitzt, stellt einen dringlichen Berichtsantrag im Parlamentsausschuss für Wirtschaft und Verkehr. Das bedeutet, dass der zuständige Wirtschaftsminister Alois Rhiel vor dem Ausschuss mündlich Stellung nehmen muss. Dies geschieht am 9. November 2006: „Es gibt in der Staatskanzlei Fälle von Arbeitsplatztausch zwischen der Staatskanzlei und der Wirtschaft, in einem Fall ein Mitarbeiter der Fraport."[23] Und: „Im hessischen Wirtschaftsministerium ist im Bereich der Börsenaufsicht eine Mitarbeiterin befristet als Referentin eingesetzt, die privatrechtlich bei der Deutschen Börse AG angestellt ist." Weiter heißt es zu ihren Aufgaben: „Im Wesentlichen die Einhaltung börsenrechtlicher Vorschriften durch die Börse und deren Handelsteilnehmer. Hierbei handelt es sich um hoheitliche Aufgaben."[24] Ausgerechnet die Mitarbeiterin der Deutschen Börse hat also die Aufgabe, unter anderem ihren eigenen Arbeitgeber zu kontrollieren. Frank-Peter Kaufmann wirft in dem Ausschuss die Frage auf, ob es auch denkbar wäre, dass Bedienstete des Landes diese Aufgabe übernähmen. Minister Dr. Alois Rhiel antwortet erstaunlich offen: Dies sei „zwar denkbar, aber ökonomisch nicht sinnvoll."

Beamte für eine hoheitliche Aufgabe einzusetzen, ist ökonomisch nicht sinnvoll, wir lernen nie aus!

Frank-Peter Kaufmann, der auch Parlamentarischer Geschäftsführer der Grünen im hessischen Landtag ist, fordert weitere Aufklärung: „Wir werden durch parlamentarische Anfragen, gegebenenfalls auch durch einen Antrag im Plenum die Sache weiter diskutieren und für Klarheit sorgen. Und wir wollen sie abstellen, wenn das auf diese Weise nicht geht, dann werden wir auch recht-

---

[23] WVA/16/43 – Vorabauszug zu Top 19, behandelt in öffentlicher Sitzung
[24] Drucksache 16/3431

liche Mittel, das heißt eine Klage vor dem Staatsgerichtshof, nicht ausschließen."
Für den Fall, dass sich Journalisten trotz widerrechtlicher Auskunftsverweigerung nicht abwimmeln lassen, hat die Koch-Regierung noch etwas in Petto: Als wir für den WDR-Film „Wir sind drin – Lobbyisten im Zentrum der Macht" vor der hessischen Staatskanzlei drehen, versucht uns der Sicherheitsdienst nicht nur an der Arbeit zu hindern, sondern zieht auch das Ordnungsamt der Stadt Wiesbaden und die örtliche Polizei hinzu. Und von diesen werden die Mitarbeiter der hessischen Staatskanzlei in Sachen Presserecht belehrt: Man könne nicht gegen uns vorgehen und auch der Sicherheitsdienst dürfe die Dreharbeiten nicht behindern. Schließlich handele es sich um öffentliches Gelände der Stadt Wiesbaden und Journalisten dürfen nach dem hessischen Presserecht ungestört Aufnahmen von öffentlichen Plätzen und Behörden machen.

Fehlende Informationen in Bayern

Bayern sah sich immer als etwas Besonderes. Schon zu Beginn der Bundesrepublik stimmte Bayern dem Grundgesetz nicht zu. Auch in Sachen Pressefreiheit ging der Freistaat Bayern einen besonderen Weg. Den Rundfunk beziehen die meisten Landespressegesetze, wie gesagt, ausdrücklich in den Kreis der Auskunftsberechtigten ein. Nur Bayern präzisiert den Personenkreis und schließt dabei Journalisten von Fernsehen und Radio aus: „Die Presse kann ihr Recht auf Auskunftserteilung „nur durch Redakteure oder andere von ihnen genügend ausgewiesene Mitarbeiter von Zeitungen und Zeitschriften ausüben".
Trotz allem haben natürlich auch Rundfunk-Journalisten einen Auskunftsanspruch in Bayern und deswegen fragten wir bereits im Dezember 2006 bei der bayerischen Staatskanzlei, ob Mitarbeiter bezahlt von privaten Firmen, Verbänden oder Vereinen in den bayerischen Landesministerien sitzen. Die Antwort dauerte immerhin nur zwei Wochen: Zurzeit sei ein Mitarbeiter der Landesgewerbeanstalt Nürnberg (LGA) sowie zwei Mitarbeiter der Bio-M AG im Bayerischen Staatsministerium für Wirtschaft, Infrastruktur, Verkehr und Technologie (StMWIVT) beschäftigt. Diese Mitarbeiter werden weiterhin von ihrem Arbeitgeber bezahlt. Außerdem wird noch angemerkt: „Bei dieser wie auch der o. a. Landtagsanfrage schwingen immer negative Unterstellungen mit. Das StMWIVT begrüßt ausdrücklich und unterstützt den Personalaustausch zwischen der Wirtschaft und Verwaltung." So weit so gut.
Im März 2006 erreicht dann ein Brief die Redaktion des Politikmagazins Monitor – ohne Absender. Darin liegt ein interner Aktenvermerk aus der bayerischen Staatskanzlei. Der Inhalt: Dort wurde vermerkt, wie man mit der Presse-

anfrage der Monitor-Redaktion umzugehen habe. Im bayerischen Wirtschaftsministerium sei ein Mitarbeiter der Bayern Innovativ GmbH vom 01.11.2001 - 30.11.2003 im Referat VIII/2, sowie eine Mitarbeiterin der Bayern Innovativ GmbH vom 12.01.2004 in den Referaten VIII/2 und VIII/7, als auch ein Mitarbeiter des Deutschen Zentrums für Luft- und Raumfahrt e.V. im Referat VIII/4 beschäftigt. Man möge diese Personen nicht gegen über Monitor nennen, heißt es in dem nicht für unsere Augen bestimmten Vermerk.

Was für eine Auffassung von Pressefreiheit und Auskunftsrecht der Journalisten offenbart sich da? Wir stellten natürlich eine zweite schriftliche Anfrage, verwiesen dabei auf den internen Aktenvermerk und forderten Auskunft zu den nicht genannten Unternehmen mit einer üblichen Frist von einer Woche. Nach acht Tagen die Antwort: Nun, die Staatskanzlei sei ja gar nicht zuständig – das Wirtschaftsministerium müsse man doch anfragen. Auf unseren Einwand: Der interne Aktenvermerk stamme nachweislich aus der Staatskanzlei, zeigte sich die zuständige Sprecherin dann bereit, doch die schriftliche Frage zu beantworten – nur sie bräuchte nun wiederum mindestens ein Woche Zeit. Inzwischen haben wir, weil wir nicht mehr sicher sein können, dass die Behörden das Auskunftsrecht von uns Journalisten ernst nehmen – den Grünen-Abgeordneten Dr. Christian Magerl eingeweiht. Dieser stellt daraufhin eine parlamentarische Anfrage. Zu Beantwortung von kleinen parlamentarischen Anfragen hat die bayerische Landesregierung vier Wochen Zeit. Nach einer Woche, eigentlich sollte an diesem Tage unsere Anfrage schriftlich beantwortet sein, bekamen wir einen Anruf von der Pressesprecherin aus der bayerischen Staatskanzlei: Nun, es gäbe jetzt auch eine parlamentarische Anfrage zu diesem Thema. Deswegen wolle man beide Antworten zusammen erarbeiten. Wir müssten auf unsere Antwort noch drei bis vier Wochen warten. Auf unseren Einwand, es gäbe immerhin ein Auskunftsrecht von Journalisten, das ganz unabhängig von den Rechten der Abgeordneten sei, wusste die Dame auch nichts zu sagen. Trotz allem: Wir müssen noch drei Wochen warten.

Unsere eigenen Recherchen zu den Unternehmen und Vereinen hatten dann ergeben: Diese Konzerne und Vereine haben im selben Zeitraum aus dem Wirtschaftsministerium Millionen an öffentlichen Fördergeldern bekommen. In ihrer parlamentarischen Antwort, die uns schließlich nach sechs Wochen erreicht, bestätigte die bayerische Landesregierung diesen Sachverhalt. Das Auskunftsrecht von Journalisten, ein zentrales Fundament der Pressefreiheit, wird im Falle von investigativen Recherchen bei den Behörden einfach nicht mehr ernst genommen: Kaum eine Anfrage zu unseren Recherchen über externe Mitarbeiter aus privaten Unternehmen wurde richtig und vor allem vollständig beantwortet.

Ein Fragen-Marathon durch die EU-Kommission

Auch die Europäische Kommission hat ihre Probleme mit Presseanfragen. Obwohl das Auskunftsrecht von Journalisten auch für die EU-Behörden gilt. Dort stellten wir bereits im November 2006 eine schriftliche Anfrage, die bis heute nicht vollständig beantwortet wurde. Die Grünen-Abgeordnete Hiltrud Breyer hakte einen Monat später nach. In einer schriftlichen Anfrage vom 21. Dezember 2006 fragte sie nach allen Mitarbeitern aus privaten Unternehmen, die in den letzten vier Jahren in der Kommission gearbeitet hatten und weiterhin von ihrem privaten Unternehmen bezahlt wurden. Außerdem forderte sie, die Namen der Unternehmen genannt zu bekommen. Die Anfrage wurde mit Vorrang eingereicht, das heißt, sie muss innerhalb von vier Wochen beantwortet werden.

Erst neun Wochen später, am 20. Februar 2007, antwortet die EU-Kommission und räumt ein, dass unter den 1046 nationalen Sachverständigen, die von ihren Arbeitgebern bzw. nationalen Behörden an die Kommission entsendet werden, 15 aus dem privatwirtschaftlichen Sektor kommen.

Auf unsere Frage, ob durch den Einsatz der von der Industrie bezahlten Leihbeamten nicht Interessenskonflikte drohen, erhalten wir eine Antwort, die mit Sicherheit nicht für unsere Augen bestimmt war, ein Glücksfall für jeden Journalisten. Irgendjemand in der Pressestelle der EU-Kommission hat wohl das Blatt mit der offiziellen Antwort mit einem internen Schreiben verwechselt. Darin wird offenbar ein erster Antwortentwurf kritisiert – wegen zu großer Offenheit?

Das, was bei uns als E-Mail anrauscht, spricht jedenfalls eine klare Sprache: „Das hört sich zu sehr so an, als ob wir privaten Unternehmen erlauben würden Insider Informationen über die Kommission zu ‚kaufen'. Wir sollten positiver denken und stattdessen eher etwas im folgen Wortlaut sagen: 'Mitarbeiter aus Privatunternehmen sollen sowohl die Kommission, als auch ihre Angestellten unterstützen'".[25] Selbstlose Großkonzerne verzichten freiwillig auf die Arbeitskraft ihrer fähigsten Mitarbeiter, damit diese die EU-Kommission befähigen, dem Allgemeinwohl verpflichtete Entscheidungen zu erarbeiten... So oder so ähnlich lassen sich die Antwortentwürfe aus der Kommission deuten und irgendwie macht es den Jungs und Mädels dort wahrscheinlich auch Spaß, die Öffentlichkeit mit Worthülsen zu leimen. Weder geht die Kommission auf den erfragten Zeitraum von vier Jahren ein, noch nennt sie die Namen der Unternehmen. Daraufhin stellt Hiltrud Breyer am 8. März 2007 die zweite Anfrage mit Dringlichkeit. Sie fragt wieder nach den Namen der Unternehmen, konkre-

---

25 E-Mail vom 07.05.2007 P-1416/07FR

ten Arbeitsbereichen sowie den genauen Zahlen für die letzten zwei Wahlperioden. Doch die Europäische Kommission antwortet einfach nicht.
Am 20. April wird es Breyer dann zu bunt, sie schaltet die Verwaltung des Europäischen Parlaments ein. Daraufhin ruft ein Mitarbeiter der Kommission bei ihr an, beschwichtigt, sie alle täten ihr Bestes, um den Vorgang zu beschleunigen. Um es kurz zu machen: Breyer fragt immer wieder nach, eine zähe Angelegenheit. Nach täglicher Nachfrage wird Mitte März gesagt: Die Antwort der Kommission sei mit einem Kurier unterwegs zu der Abgeordneten Breyer. Der Kurier muss sich verlaufen haben, denn er ist bis heute nicht angekommen. Schließlich schaltet Breyer den zuständigen Verwaltungskommissar Siim Kallas ein, denn der hatte unlauterem Lobbyismus und Korruption in der EU-Verwaltung öffentlich den Kampf angesagt.
Und so ging es weiter bei unseren gemeinsamen Bemühungen:

4. Mai 2007:	Wir erhalten inoffiziell die Antwort der Kommission auf Hiltrud Breyers Anfrage, inklusive einer internen Anmerkung der Pressestelle, man dürfe nicht den Eindruck erwecken, dass privaten Unternehmen erlaubt würde, Insiderinformationen zu kaufen.
22. Mai:	Beim Nachhaken in der EU-Kommission erhalten wir die Auskunft, dass die offizielle Antwort bis Ende der Woche vorliegen wird.
23. Mai:	Offizielle Übermittlung der zweiten Antwort der EU-Kommission: Sie erklärt, dass in einem Schreiben die genaue Zahl der Leihbeamten mitgeteilt werden wird, inklusive der Namen der Arbeitgeber sowie Fachbereiche.
23. Mai:	Nachfrage, wann die Liste offiziell übermittelt wird; Antwort der Kommission: bis morgen.
24. Mai:	Die Kommission macht einen Rückzieher: Die entsprechenden Stellen in der Kommission arbeiten noch an der Erstellung der Liste.
5. Juni:	Nach Auskunft der EU-Kommission wird die Liste spätestens in der folgenden Woche vorliegen. Wir fragen nach, ob die Liste dann auch die letzten zwei Wahlperioden enthalten wird.
15. Juni:	EU-Kommission: Die entsprechenden Stellen tun ihr Möglichstes, um die Liste heute vorzulegen. Dies geschieht jedoch nicht.
25. Juni:	Wir erhalten inoffiziell eine Liste mit 33 Namen und Arbeitgebern. Diese enthält jedoch keine Aufstellung der letzten Jahre und wo die entsprechenden Personen in der EU-Kommission arbeiten.

25. September: Bei einem Treffen mit EU-Kommissar Kallas erhält Breyer eine Liste mit 34 Namen, die offiziell veröffentlicht werden soll. Kallas sagt zudem zu, problematische Fälle rückhaltlos aufzuklären. Ob unter den mehr als tausend nationalen Sachverständigen, die von den Regierungen geschickt wurden, nicht auch von Privatunternehmen bezahlte Leihbeamte sind, vermag er nicht zu beurteilen.

Trotz alledem: Siim Kallas, so konnten wir selbst erleben, ist sicherlich persönlich sensibilisiert für diese neue Form des Lobbyismus. Inwieweit er sich mit seinen Bemühungen bei seinen Kollegen Kommissaren Verhör verschaffen kann, bleibt jedoch offen. Gespannt sind wir auch auf den Tag, an dem die Lobbyisten mit Schreibtisch in der Kommission auf EU-Internetseiten öffentlich gemacht werden.

Bundesrechnungshof schickt Prüfer in jedes Ministerium

Am ungemütlichsten dürften für den Inside-Lobbyismus allerdings die Aktivitäten einer wichtigen staatlichen Behörde werden. Von Monitor auf die zweifelhafte Praxis aufmerksam gemacht, schaltet sich im Dezember 2006 der Bundesrechnungshof ein. Dabei tritt die Bundesbehörde kaum politisch in Erscheinung, man versucht sich aus aktuellen Debatten herauszuhalten und äußert sich deshalb selten öffentlich. Wenn überhaupt, dann kommentiert der Bundesrechnungshof nur bereits vorliegende Prüfungsergebnisse.

Doch unsere Recherchen führten zu einer ungewöhnlichen Reaktion: Michael Reinert, Jurist, Verwaltungsfachmann und Sprecher des Bundesrechnungshofes äußerte sich Ende 2006 vorab und kündigte an: „Wir werden die Ergebnisse der laufenden parlamentarischen Anfragen sorgfältig prüfen und auswerten." Er könne aber jetzt schon sagen, dass der Bundesrechnungshof im Jahre 2007 das Thema zum Gegenstand einer Prüfung machen werde. Dabei würden zwei Punkte im Vordergrund stehen. „Der eine Punkt: Wer bezahlt die Personen, die in den Ministerien, zum Beispiel an Gesetzen, mitarbeiten? Der zweite Punkt: Ist die Neutralität des Verwaltungshandelns gewährleistet, oder bestehen hierfür Risiken, zum Beispiel in den Fällen, in denen Personen an Gesetzen mitarbeiten und von Verbänden oder Unternehmen bezahlt werden?"

Um diesen Fragen nachzugehen, werde seine Behörde alle Bundesministerien befragen, ob und in welcher Funktion sie Mitarbeiter von Unternehmen oder Verbänden beschäftigen. Dazu werde ein umfangreicher Fragebogen verschickt. Doch die schriftlichen Antworten der Bundesregierung scheinen so brisant gewesen zu sein, dass der Bundesrechnungshof sich zu einem ungewöhnlichen Schritt entschloss und Mitarbeiter in alle Ministerien schickte, um den Sachverhalt zu prüfen. Die Prüfergebnisse liegen noch nicht vor. Fest steht aber: Nach Meinung der Bundesbehörde kann die Praxis nicht bleiben, wie sie ist.

Die CIA-Fax-Affäre

Wie die Schweizer Regierung und ihre Militärjustiz die Wahrheit vertuschen und stattdessen Journalisten und unschuldige Bürger verfolgen und vor Gericht zerren

Von Sandro Brotz und Beat Jost

Ein paar Klarstellungen vorweg

Wir wollen gleich zu Beginn klarstellen: Wir sind keine Helden und keine Märtyrer der Pressefreiheit. Wir nehmen für uns höchstens in Anspruch, unseren Job mit der nötigen Leidenschaft auszuüben. Dabei lassen wir uns gerne vom Motiv leiten, wie es der amerikanische Journalist Stewart J. O. Alsop (1914 - 1974) auf den Punkt brachte:

„Die Presse muss die Freiheit haben, alles zu sagen, damit gewisse Leute nicht die Freiheit haben, alles zu tun."

Wir arbeiten als Journalisten in der Schweiz: In einem demokratischen, rechtsstaatlichen und zivilisierten Land. Wir sind privilegiert, leben in idyllischen Verhältnissen verglichen mit den Journalisten und Reportern, die in vielen Länder und Regionen unter Repression, Zensur, ja unter Todesgefahr ihre Arbeit machen müssen. Und gerade deswegen müssen wir uns in einem Land wie der Schweiz – ohne Wenn und Aber – gegen alle Versuche, die Freiheit der Presse und der Meinungsäußerung einzuschränken, zur Wehr setzen. Die Schweiz ist Depositar-Staat der vier Genfer Völkerrechts-Konventionen, Sitz des UNO-Menschenrechtsrates, Gründerstaat des IKRK[26]. Die Schweiz will neutral und humanitär sein. Das verpflichtet umso mehr, Werte wie die Pressefreiheit zu verteidigen und nicht aus purer Bequemlichkeit ein schlechtes Vorbild abzugeben.

---

[26] IKRK ist die Abkürzung für: Internationales Komitee vom Roten Kreuz

Wir werden eine Geschichte erzählen – die CIA-Fax-Story[27]. Sie handelt von einer Regierung, die vertuscht; von Politikern im Kniefall vor den Amerikanern; und einer Militärjustiz, die Journalisten vors Sondergericht zerrt, unschuldige Bürger im Lauschangriff verfolgt und sogar in den Knast steckt. Es ist keine Geschichte aus Absurdistan – sondern eine reale Farce aus der Schweiz.

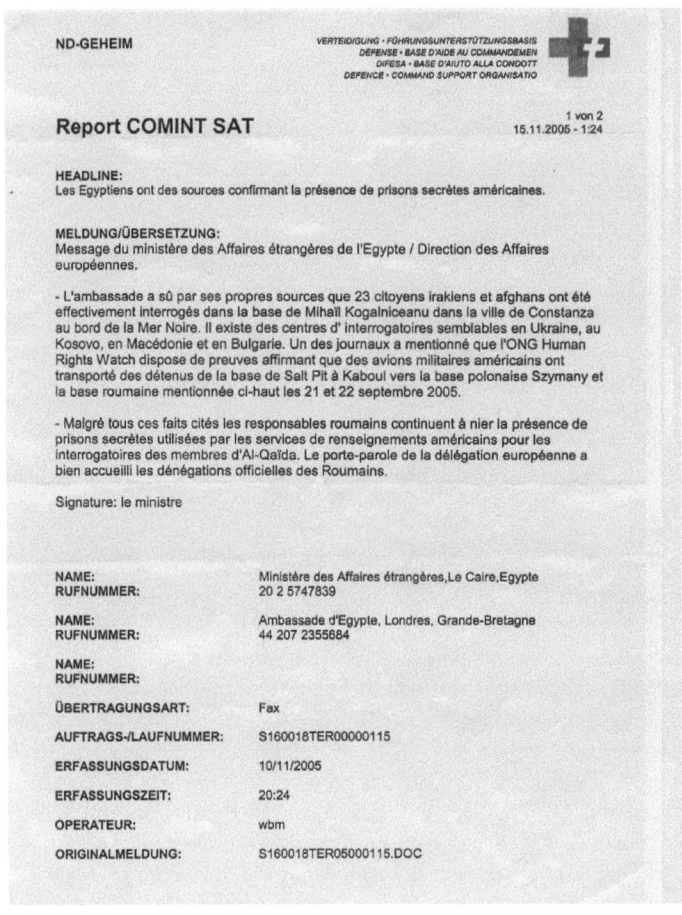

---

[27] Die Affäre ist in einem Buch dokumentiert: Brotz, Sandro/Jost, Beat (2006): CIA-Gefängnisse in Europa - Die Fax-Affäre und ihre Folgen. Mit einer Analyse von Dick Marty, Orell Füssli Verlag, Zürich

Die CIA-Fax-Affäre - der Fall, die Bedeutung, die Akteure

Auslöser für diese Farce ist ein Blatt Papier (siehe vorherige Seite): Es wurde von einem der drei Schweizer Geheimdienste abgefangen. Warum ein kleines Land wie die Schweiz gleich drei Geheimdienste braucht, ist wieder eine andere Geschichte. Die arbeiten übrigens auch bei uns eher gegen- als miteinander, aber das scheint ein weit verbreitetes Phänomen in dieser klandestinen Welt der Schlapphüte zu sein.

Zurück zu diesem kleinen Papier und seinen großen, mitunter surrealen Auswirkungen. Das liegt daran, dass hier *ND-GEHEIM* draufsteht. ND steht für Nachrichtendienst. Ein klassifiziertes Dokument also, das gerade mal eine Handvoll Leute zu sehen bekam, den Weg an die Öffentlichkeit und zu uns fand. Viel mehr, als *was* in diesem Papier drin stand, wurde in der Schweizer Presse darüber spekuliert, *wie* es zu uns kam. Logisch, dass dies von Interesse war. Genau so logisch, dass wir darüber leider nicht viel sagen konnten. Nur so viel: Wir haben dafür keinen Franken, keinen Rappen, keinen Euro, rein gar nichts bezahlt.

Für uns war nicht entscheidend, was auf diesem Papier *drauf* stand – geheim – sondern was *drin* stand. Es war eine Depesche des ägyptischen Außenministeriums in Kairo an seine Botschaft in London. Erstmals wurde darin von einem Staat – sprich Ägypten – aufgrund eigener Quellen bestätigt, was US-Präsident George W. Bush neun Monate später – am 6. September 2006 – zugeben sollte: Es gibt geheime CIA-Gefängnisse mitten in Europa. Er hat sie natürlich nicht als das bezeichnet, was sie waren und mit Guantanamo noch immer sind: Folterkeller. Bush sprach von 14 Gefangenen; der Europarats-Ermittler in der CIA-Affäre Dick Marty[28] geht von mindestens 150 Gekidnappten aus.

Im Fax war von Standorten in Rumänien, dem Kosovo, Mazedonien, Bulgarien, Polen und der Ukraine die Rede. Stellen Sie sich bitte keine Gefängnisse im herkömmlichen Sinne mit Wachtürmen, Stacheldraht und Gittern vor, sondern mobile und kurzfristig einsetzbare Internierungslager. Daneben ging es um Flüge mit verschleppten Personen in diese Länder: Ein Bericht des Europaparlaments vom vergangenen November vermerkt mindestens 1245 verdächtige Flüge im Auftrag der CIA im europäischen Luftraum oder Zwischenlandungen auf europäischen Flughäfen.

---

[28] Der Schweizer Dick Marty gehört als Vertreter des Kantons Tessin und der Freisinnigen Partei (FDP) dem Ständerat an, der kleinen Parlamentskammer. Bekannt wurde Marty als Tessiner Staatsanwalt, wo er sich den Ruf eines unbestechlichen „Mafia-Jägers" erwarb.

Das alles war zu jenem Zeitpunkt, als wir dieses Fax zugespielt bekamen, noch nicht bekannt. Abgefangen hatte es – wie erwähnt – einer der drei Schweizer Geheimdienste, der Auslandsgeheimdienst SND[29]. Wie hat er das gemacht? Das Zauberwort dazu heisst Onyx. So nennt sich das elektronische Satellitenaufklärungssystem, mit dem der Weltraum unablässig nach Beute abgesucht wird – nach Telefongesprächen, E-Mails oder eben: Faxsendungen. Um in dem gigantischen Meer an Kommunikation die mutmaßlich relevanten Informationen herauszufischen, werden Listen mit Key words – Schüsselwörtern – angefertigt. Kurzum: Onyx ist hochkomplex, hochteuer – man spricht von mehreren hundert Millionen Franken – und vor allem: Hochgeheim.

---

[29] SND ist die Abkürzung für: Strategischer Nachrichtendienst

Das ägyptische Fax brachte vier entscheidende Punkte ans Tageslicht:
Es gibt illegale CIA-Gefängnisse in Europa.
Die Schweiz weiss davon - und schweigt.
Die Schweiz hört ausländische Botschaften ab.
Onyx funktioniert.

Vier gute Gründe, das Dokument zu veröffentlichen. Was wir am 8. Januar 2006 taten. Wir druckten das Papier ab. Integral. Bisher hatte es nur Vermutungen gegeben – in der Washington Post oder von Human Rights Watch etwa, dass im Kampf gegen Terror auch mit rechtswidrigen, menschenrechtswidrigen und völkerrechtswidrigen Praktiken operiert wurde. Jetzt gab es – schwarz auf weiss – dieses Papier. Und das wiederum war von öffentlichem Interesse. Darin bestärkte uns vor der Veröffentlichung auch Manfred Nowak, der Uno-Sonderberichterstatter über Folter und Rechtsprofessor in Wien. Man dürfe, so Nowak, über eine solche Sache nicht den Mantel des Schweigens ausbreiten.

Welchen Ärger wir uns mit der Veröffentlichung einhandeln würden, war uns bewusst. Dachten wir jedenfalls. Es kam aber, wie wir bei uns zu sagen pflegen, *viel gröber*.

Schon am Erscheinungstag am Sonntagmittag – wenn das politische Bern sich am liebsten durch rein gar nichts stören lässt – kam die erste Pressemitteilung aus dem Büro von Verteidigungsminister Samuel Schmid[30]. Ein Zitat daraus: „Infolge der besonderen Sensitivität des Dokuments und der entsprechenden Klassifizierung nimmt das Departement zu dessen Inhalt nicht Stellung."

Ein paar Stunden später gab es ein zweites Communique, worin man die Einleitung von Verfahren wegen Verletzung militärischer Geheimnisse ankündigte. Nicht ohne darauf hinzuweisen, ich zitiere: „Die Verletzung militärischer Geheimnisse wird gemäß dem Militärstrafgesetz mit Zuchthaus bis zu fünf Jahren, Gefängnis oder Buße bestraft."

Schon Tage vor der Veröffentlichung hatten zuerst Verteidigungsminister Samuel Schmid und dann der Schweizer Armeechef Christophe Keckeis in Anrufen beim Chefredaktor und in Briefen, die er uns Autoren persönlich von einem Boten überbringen ließ, gedroht, ich zitiere: „Sollten Sie – entgegen dieser an Sie gerichteten Klarstellung der Situation – das Papier oder dessen Inhalt trotzdem ganz, auszugsweise oder auch nur andeutungsweise veröffentlichen und/oder weitergeben, werde ich umgehend ein Strafverfahren gegen Sie beantragen."

---

[30] Samuel Schmid gehört der Schweizerischen Volkspartei (SVP) an.

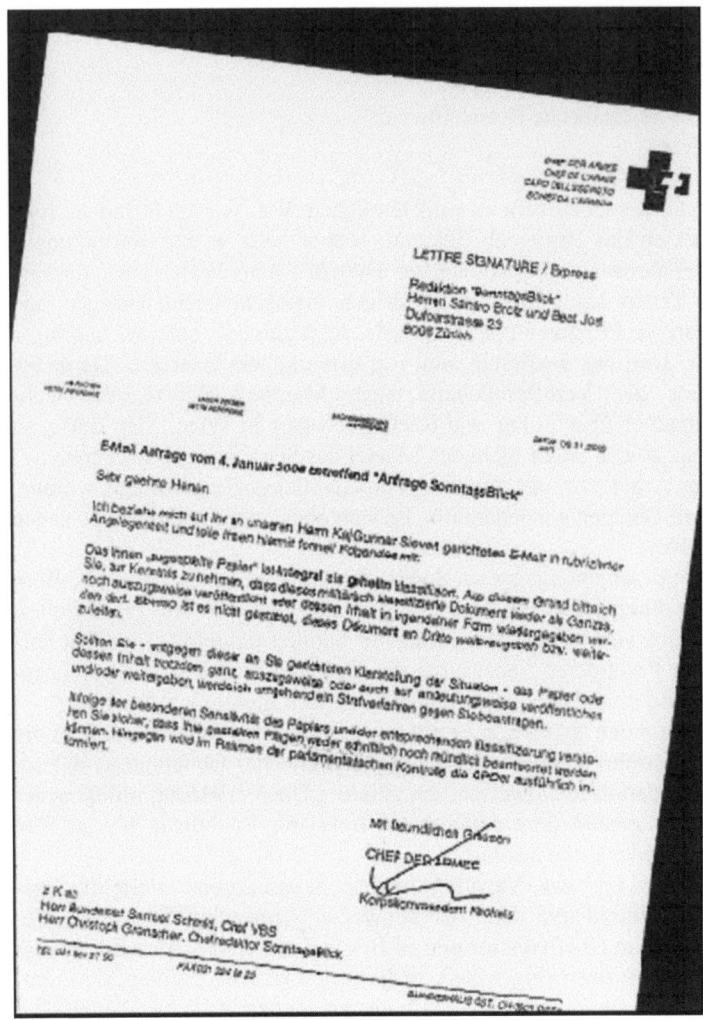

Diesen Brief ließ Armeechef Christophe Keckeis per Kurier an die Redaktion des SonntagsBlick überbringen, um die Veröffentlichung zu verhindern.

Von unserer ersten offiziellen Anfrage bei den Schweizer Behörden bis zu diesen Zeilen dauerte es übrigens 48 Stunden. Vorher herrschte Funkstille.

In einem der erwähnten Telefonate mit dem Armeechef ließ dieser dann verlauten, wir hätten *im Dienste der Nation* auf die Publikation zu verzichten. Stehen wir als Journalisten im Dienste der Nation? Im Sold des Militärs? Im Dunstkreis eines Geheimdienstes?

Seltsame Vorstellungen. Aber seltsam ernst gemeinte Vorstellungen. Da der Appell an patriotische Gefühle bei uns nicht fruchtete, kam Phase 2 zum Zug. Es wurde versucht, uns öffentlich zu diskreditieren. Die SVP – die Partei des Verteidigungsministers – nannte uns wiederholt Landesverräter. Der Geheimdienstchef und einer seiner Vorgänger spielten in Interviews mit willfährigen Zeitungsoffizieren die Bedeutung des Papiers herunter, nannten es unbedeutend. Am Fernsehen trat der Präsident der Kommission für innere Sicherheit auf und erklärte, das Fax sei keine Sensation.

Motto: Das Fax - alles nur Pipifax.

Diese Strategie war nicht sonderlich überraschend: Desinformation und Irreführung gehören nun mal zu den Kernkompetenzen eines jeden Geheimdienstes. Denn was beispielsweise in der TV-Sendung nicht gesagt wurde: Derselbe Mann, der Präsident der Kommission für innere Sicherheit ist, amtet nebenberuflich als Chef für Informationsoperationen im Armeestab und ist Chefredaktor der Zeitschrift Schweizer Soldat. So wurde von den Schweizer Militärs aus allen Rohren geschossen, aber was sollte man auch anderes erwarten. Eine Gratwanderung war vielmehr, dass wir plötzlich selbst zum Thema wurden.

Man sollte als Journalist nicht zum Ereignis werden. Genau dies aber erlebten mein Kollege und ich in der CIA-Fax-Affäre. Während es im Inland mehrheitlich Häme zur Story und zu unserem Buch absetzte, blieb die Resonanz im Ausland hoch. Zuerst wegen des Fax, dann vor unserem Prozess. Da zeigte sich die ausländische Presse sehr irritiert über die andere Seite der Schoggi-Schweiz, insbesondere über diese drei Punkte:

Die Schweiz hat eine Militärjustiz.
Die Schweiz setzt diese Militärjustiz auch gegen Zivilsten ein.
Diese Zivilisten sind Journalisten, die sich gegen diese Militärjustiz wehren.
Dick Marty, der Mann, der als Europarats-Sonderermittler in der CIA-Affäre beweist, dass die Schweiz doch auch ein wenig zu Europa gehört, nannte die Verfahren gegen uns ein Attentat auf die Pressefreiheit. Als ehemaliger Staatsanwalt wird er schon wissen, von was er spricht. Organisationen wie Reporters sans frontieres oder Human Rights Watch, die sich sonst um die Pressefreiheit in Kirgisien oder im Kongo kümmern, stellten sich ebenfalls öffentlich hinter uns. Dasselbe galt übrigens auch für den Deutschen Journalistenverband. Und selbst

die OSZE[31] - sonst in der Türkei oder in Turkmenistan im Einsatz – überlegte sich ganz ernsthaft, einen Beobachter zu unserem Prozess zu schicken.

Weil dieser zuerst unter Ausschluss der Öffentlichkeit stattfinden sollte, dann aber die Türen – nicht zuletzt des großen öffentlichen Drucks wegen – zaghaft doch noch geöffnet wurden. Außer als der Geheimdienstchef als Zeuge gehört wurde. Wie wenn ein Geheimdienstchef vor Publikum ein Staatsgeheimnis preisgeben würde. In all der Aufregung ging der eigentliche Skandal leider ein wenig unter – was der offiziellen Schweiz wiederum nur recht sein konnte, nämlich: Welche Rolle spielt unser Land in dieser Affäre? Wer wusste wann was? Warum wurden Eigeninteressen höher gewichtet als Menschenrechte?

Motto: Nichts sehen, nichts hören, nichts sagen

Das Regierungskartell führte orchestriert den dreifachen Affen vor: Nichts sehen, nichts hören, nichts sagen!

Es war im vorauseilenden Gehorsam ein einziger Kniefall vor der amerikanischen Regierung.

Außer den Grünen, der einzigen relevanten Oppositionspartei in der Schweiz, stellte niemand die wirklich interessierenden Fragen: Was weiß die Schweizer Regierung effektiv über die Gefangenenverschleppungen in Europa? Über welche Informationen verfügen die Geheimdienste, die Armee und das Verteidigungsdepartement? Was verschweigen sie der Schweizer Öffentlichkeit und auch dem Europarats-Ermittler, dem Schweizer Ständerat Dick Marty?

Statt diese Fragen ins Zentrum der Debatte zu rücken, wurde generalstabsmäßig die ganze Artillerie der Repression und Einschüchterung aufgefahren. Und zwar zum einen gegen uns als Journalisten, zum anderen aber auch auf der Jagd nach dem Leck gegen unbescholtene, unschuldige Beamte bzw. Ex-Beamte.

Lassen wir mal kurz ein paar symptomatische Ereignisse Revue passieren: Montag, 9. Januar 2006, 24 Stunden nach der Publikation des Sonntags-Blick: An der Sitzung der Außenpolitischen Kommission (APK) des Ständerats herrscht Riesenaufregung. Der Kommissionsvorsitzende Philippe Stähelin, Ex-Chef der Christlichdemokratischen Volkspartei (CVP), ist aufgebracht. Sein

---

[31] Die OSZE (Organisation für Sicherheit und Zusammenarbeit in Europa) intervenierte bereits am 19. Januar 2006 bei der Schweizer Regierung. Aus der damaligen Medienmitteilung: „The OSCE Representative on Freedom of the Media, Miklos Haraszti, has voiced his concern over possible consequences for the media stemming from investigations into the disclosure of confidential military information by a Swiss newspaper."

Zorn richtet sich jedoch nicht gegen die im ägyptischen Fax enthaltenen Hinweise über CIA-Gefängnisse in Osteuropa und die damit zusammenhängenden illegalen Verschleppungen von Gefangenen. Seine Sorge gilt einzig dem Leck im Geheimdienst und einer möglichen Verärgerung der Amerikaner darüber. In der Medienmitteilung der Kommission liest sich das dann so: „Die APK hat zur Kenntnis genommen, dass das EDA[32] mit diesen Staaten Kontakt aufgenommen hat, und fordert es auf, diese diplomatischen Demarchen weiterzuführen, um die Position des Bundesrates darzulegen und den Schaden zu begrenzen."

Am gleichen Tag eröffnet die Schweizerische Volkspartei (SVP) – die größte Schweizer Partei[33], die zu dem in der Allparteienregierung den Verteidigungs- und Justizminister stellt – die Jagd auf den SonntagsBlick: Unter dem Titel „Verräter im Bundeshaus" schreibt die Rechtspartei: „Wer einen derart hoch geheimen Abhörrapport des Geheimdienstes einer Boulevardzeitung zuspielt und wer einen solchen publiziert, gehört wegen Verrats vor Gericht gestellt. Es ist eine Schande für das Land."

Verräter im Bundeshaus
von Roman S. Jäggi, Pressesprecher SVP

Sollte sich herausstellen, dass der von den Medien veröffentlichte Abhörrapport zu angeblichen CIA-Geheimgefängnissen tatsächlich echt ist, geht dieser Vorfall weit über die leider üblichen Indiskretionen aus dem Bundeshaus hinaus. Wenn sich das bestätigt, haben wir einen Verräter im Bundeshaus.

---

[32] Abkürzung für: Eidgenössisches Departement für auswärtige Angelegenheiten
[33] Die SVP kam in den Wahlen 2003 auf einen Wähleranteil von rund 27 Prozent.

> *Wer einen derart hoch geheimen Abhörrapport des Geheimdienstes einer Boulevardzeitung zuspielt und wer einen solchen publiziert, gehört wegen Verrats vor Gericht gestellt. Es ist eine Schande für unser Land. Ob ein öffentliches Interesse am Abhörrapport oder eine gewisse politische Brisanz darin besteht, ist doch wohl keine Frage und nicht relevant für die Begründung des Verrats. An vielen Abhörrapporten besteht vermutlich ein öffentliches Interesse. Und viele davon wären politisch brisant. Trotzdem sind diese, eben im Interesse der nationalen Sicherheit, nicht für die Öffentlichkeit bestimmt. Sie verschaffen unserer Regierung einen Informationsvorsprung und dienen damit der Sicherheit des Schweizer Volkes.*
>
> *Wer hochgeheime Papiere aus dem Verteidigungsdepartement einer Boulevardzeitung übergibt, tut dies für Geld oder um ein politisches Ziel zu verfolgen. Beides ist und bleibt jedoch Verrat. Der zuständige Departementschef Samuel Schmid hat richtig gehandelt und eine Untersuchung eingeleitet. Jedoch ist schon heute klar, dass dieser Vorfall keine Indiskretion mehr ist. Es ist Landesverrat. Denn der Schaden, der dadurch für unseren Geheimdienst entstanden ist sowie der Vertrauensverlust, sind gewaltig. Wer solches in Kauf nimmt, ist auch zu anderem fähig.*

Drei Tage später, am 11. Januar 2006, lässt die Schweizer Regierung, der Bundesrat[34], nach der wöchentlichen Kabinettssitzung durch ihren Sprecher, Vizekanzler Oswald Sigg, ein Communique verlesen. Dauer der Vorlesung: zwei Minuten. Die wichtigsten Punkte im Communique: Der Bundesrat verurteilt die Weiterleitung dieses Dokumentes an die Presse ebenso wie dessen Veröffentlichung im SonntagsBlick. Wer so handelt, schädigt Ansehen und Glaubwürdigkeit unseres Landes. Und macht sich außerdem strafbar.

Kein Wort verliert die Regierung zum Thema CIA-Praktiken, die schon seit Monaten international im Fokus stehen. Außenministerin Micheline Calmy-Rey[35] wollte dazu wenigstens ein Satz ins Regierungs-Communique einfügen, doch der Bundesrat verpasste ihr einen Maulkorb.

Justizminister Christoph Blocher[36,] der wegen einem anderen Thema der Medienkonferenz beiwohnt, musste im Kabinett hoch und heilig versprechen, sich mit keinem Wort zur CIA-Affäre zu äussern. Als dann ein Journalist gleichwohl die Frage an ihn richtete, was er denn von Gefangenenflügen und Geheimgefängnissen gewusst habe, stotterte er wie ein ertappter Erstklässler:

---

[34] Die Schweiz wird von den vier größten Parteien regiert. Dem Bundesrat gehören je zwei Vertreter der Schweizerischen Volkspartei (SVP), der Sozialdemokratischen Partei (SP) und der Freisinnigen Partei (FDP), sowie ein Vertreter der Christlichdemokratischen Volkspartei (CVP) an.
[35] Außenministerin Calmy-Rey ist Mitglied der Sozialdemokratischen Partei (SP).
[36] Justizminister Blocher ist Mitglied der Schweizerischen Volkspartei (SVP).

„Ich bin für Transparenz. Aber wenn es geheime Dokumente sind, bin ich für geheim. Und die geheime, über geheime, so genannt geheime Dokumente spricht man nicht über deren Inhalt und man spricht auch nicht, wer es hat, wer es nicht hat. Ich nehme keine Stellung dazu, weil es geheim ist."

Communique der Schweizer Regierung am 11. Januar 2006:

> *Erklärung des Bundesrats zur Veröffentlichung eines als geheim klassifizierten Dokuments*
>
> *Bern, 11.01.2006 – Der Bundesrat hat sich in seiner heutigen Sitzung mit der Veröffentlichung eines als geheim klassifizierten Papiers befasst. Er verurteilt die Weiterleitung dieses Dokumentes an die Presse ebenso wie dessen Veröffentlichung im „SonntagsBlick". Wer so handelt, schädigt Ansehen und Glaubwürdigkeit unseres Landes. Und macht sich außerdem strafbar.*

In dem Zusammenhang hat der Bundesrat davon Kenntnis genommen, dass gegen die unbekannte Täterschaft, welche das militärisch klassifizierte Fax dem SonntagsBlick zugespielt hat, eine vorläufige Beweisaufnahme eingeleitet worden ist. Im Rahmen der parlamentarischen Kontrolle wird der Bundesrat die Geschäftsprüfungsdelegation des Parlaments ausführlich über den Vorfall informieren. Ebenfalls zur Kenntnis genommen hat der Bundesrat, dass die Bundesanwaltschaft gegen den SonntagsBlick ermittelt und der Oberauditor der Schweizer Armee gegen den Chefredaktor sowie gegen zwei weitere Mitarbeiter dieser Zeitung ein militärgerichtliches Verfahren angeordnet hat. Der Bundesrat stellt fest, dass der Strategische Nachrichtendienst im Rahmen seines Mandats und im Einklang mit den rechtlichen Vorgaben vorgegangen ist. Die Meldung wurde analysiert und in einer Zusammenfassung den zuständigen Stellen zur Verfügung gestellt. Der Bundesrat hält außerdem fest, dass das fragliche Dokument Informationen enthält, die bereits öffentlich bekannt sind, aber nach wie vor nicht verifiziert werden konnten.

Druck machen einzig Parlamentarier der Grünen. Ein Antrag, die Schweiz müsse die Amerikaner rügen, wird in einer Kommission mit 14 gegen 3 Stimmen abgelehnt. Begründung: „Wir haben keine Beweise für Geheimgefängnisse. Ohne Beweise kann man aber niemand rügen."

Ähnlich kurzen Prozess macht die Sicherheitspolitische Kommission mit dem Grünen Nationalrat Jo Lang[37], der wissen wollte: „Warum hat der informierte Teil des Bundesrats den anderen Teil der Landesregierung, das Parla-

---

[37] Jo Lang ist Nationalrat der Grünen-Alternativen des Kantons Zug

ment, die Sicherheitspolitischen Kommissionen, die Öffentlichkeit und insbesondere den zuständigen Beauftragen des Europarates nicht von sich aus informiert?"
Antwort der Kommissionsmehrheit, vertreten durch die sozialdemokratische Präsidentin: „Die Mehrheit misst der Sicherheitspolitik höhere Bedeutung zu."
Verteidigungsminister Samuel Schmid sagt am 19. Januar 2006 in einem Interview mit dem Nachrichten-Magazin *Facts* zur Publikation des Geheimdokuments: „Das ist unentschuldbar und strafbar. Delikt und Motiv muss ein Richter beurteilen. Rechtfertigungsgründe für die Tat sind aus meiner Sicht nicht gegeben."

Die Liste von Beispielen des Vertuschens und Verschweigens einerseits, des Rufs nach strafrechtlicher Verfolgung und Aburteilung andererseits liesse sich beliebig verlängern. Eines möchten wir ihnen jedoch nicht vorenthalten. Es illustriert sehr eingängig die bigotte, heuchlerische Haltung der politischen Führung der Schweiz. Der Schweizer Innenminister Pascal Couchepin, ein Freisinniger, sagte am 14. Januar 2006 im Schweizer Radio, halb entschuldigend, halb rechtfertigend: „Ich glaube, die Schweiz ist nicht die Hüterin der Moral in der Welt. Die Schweiz verteidigt moralische Prinzipien, sie ist aber nicht der Heilige Stuhl der Menschenrechte."

Getreu dem Motto: Nichts sehen, nichts hören, nichts sagen – wenns gerade nicht ins Geschäft passt. Um alles weitere durfte sich dann die Justiz kümmern – die so genannte Militärjustiz!

Mit Befehl vom 9. Januar 2006 ließ der Oberauditor, der direkt dem Verteidigungsminister unterstellte Chefankläger der Militärjustiz, eine Voruntersuchung gegen den Chefredaktor und uns Autoren wegen Verletzung militärischer Geheimnisse ‚anbefehlen'.

Am 23. Mai 2006 wurden wir vom militärischen Untersuchungsrichter erstmals mehrere Stunden lang verhört. Weitere mehrstündige Verhöre fanden am 26. September und am 30. November 2006 statt. Wir haben die Zuständigkeit der Militärjustiz jederzeit bestritten. Wir vertraten den Standpunkt, dass mit der Publikation des Dokuments kein militärisches Geheimnis verletzt wurde und das militärische Sondergericht im Übrigen demokratisch nicht legitimiert, parteiisch stehe und unter politischem Befehl sei. Fragen nach der Herkunft des Dokuments und Informanten haben wir kategorisch nicht beantwortet.

Am 6. Februar 2007 erhob der Auditor oder Ankläger des Militärsgerichts 6 auf Antrag des Untersuchungsrichters gegen uns Anklage wegen Verletzung militärischer Geheimnisse. Gemäß Anklageschrift hatten wir nicht weniger gefährdet als: „Die Auftragserfüllung der Armee, die Wahrung der äusseren Sicherheit der Schweiz und den Schutz der Bevölkerung vor Bedrohungen der Armee."

Am 17. April 2007 standen wir in St. Gallen vor fünf uniformierten Militärrichtern. Der Ranghöchste war ein Einsterne-General, ein Brigadier, der hauptberuflich Chef des Heeresstabs ist. Immerhin hat dieser Prozess mit dem rechtlich einzig vertretbaren Urteil geendet: Einem Freispruch für alle. So hat denn wenigstens das unwürdige Justiztheater ein würdiges Ende gefunden. Wenigstens für uns Journalisten.

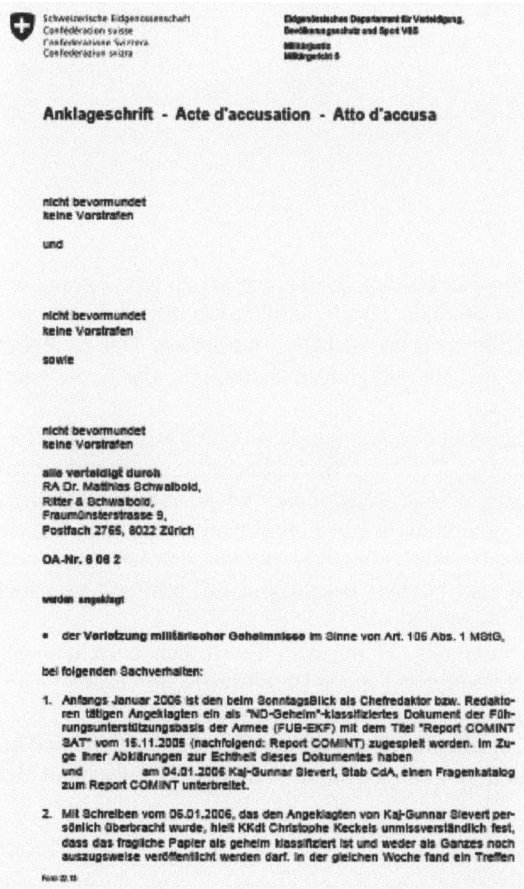

Die Anklageschrift der Militärjustiz vom 6. Februar 2007...

> 7. Die Publikation des Report COMINT blieb nicht folgenlos. Im elektronischen Bereich haben andere Staaten Gegenmassnahmen getroffen und bisher genutzte Kanäle sind versiegt. Die Partnerdienste des SND haben auf die Veröffentlichung mit spürbarer Zurückhaltung beim Informationsaustausch reagiert. Gravierend waren die Auswirkungen im Bereich der menschlichen Quellen (HUMINT). Einzelpersonen, die in Konfliktregionen oder im terroristischen Umfeld tätig und entsprechend gefährdet sind, reagieren auf derartige Vorkommnisse besonders sensibel.
>
> 8. Zusammengefasst hat die Publikation des Report COMINT die Informationsbeschaffung durch den SND massiv beeinträchtigt, die partnerschaftlichen Kontakte schwer belastet, Personen zusätzlichen Risiken ausgesetzt und die Glaubwürdigkeit des Dienstes als Ganzes in Frage gestellt. Eine Schwächung des SND gefährdet auch die Auftragserfüllung der Armee - die Wahrung der äusseren Sicherheit der Schweiz und den Schutz der Bevölkerung vor Bedrohungen (Art 58 BV und Art. 1 MG).
>
> Die Angeklagten werden gestützt hierauf dem Mil Ger 6 zur Bestrafung überwiesen in Anwendung des
>
> MSTG Art.   3 Abs. 1 Ziff. 7, 218, 13, 28, 36, 41 60c und 106 Abs. 1
> und   MStP Art. 151
>
> Ort und Datum: Romanshorn, 5. Februar 2007   Der Gl. Auditor des Mil Ger 6
>   MILITÄRGERICHT 6

... und ihre Schlussfolgerungen.

Neben dem Verfahren gegen uns Journalisten spielte sich ein anderes Drama ab. Die Militärjustiz verfolgt seit einem Jahr und bis auf den heutigen Tag[38] zwei Männer, die mit der ganzen Affäre rein gar nichts zu tun haben: Den Sprecher des SND und den Ex-Sprecher des Verteidigungsministeriums, der heute beim Schweizer Fussballverband tätig ist.

Sie werden absolut zu Unrecht verdächtigt, dem SonntagsBlick das CIA-Fax-Dokument zugespielt zu haben. Der Nachrichtendienst-Mann ist seit einem Jahr von der Arbeit suspendiert, er war sogar eine Woche lang in Untersuchungshaft, die er nach einem gesundheitlichen Zusammenbruch in der Gefangenenabteilung des Berner Inselspitals zubrachte. Beiden wurden Büro und Wohnungen durchsucht, Handy und Laptops beschlagnahmt, während Monaten Telefon-, Fax und Mailverkehr überwacht.

Erst kürzlich und im Nachgang zu unserem Freispruch entschied der oberste Schweizer Militärrichter aufgrund einer Beschwerde der Betroffenen, der Lauschangriff sei verhältnismässig und somit rechtens gewesen.[39]

Dieser Entscheid ist in zweifacher Hinsicht ein Skandal sondergleichen: Erstens konnte die Abhöraktion nur wegen dem vermuteten Tatbestand der

---

[38] Erst Mitte Mai 2007 beantragte der militärische Untersuchungsrichter Alberto Fabbri, die Strafverfolgung gegen die beiden zu Unrecht Verdächtigten einzustellen.
[39] Unter dem Titel „Nachbeben in der Faxaffäre - Unerhörter Lauschangriff" berichtete die Berner Zeitung am 28. April 2007 ausführlich über die skandalösen Vorgänge.

Verletzung militärischer Geheimnisse angeordnet werden. Doch jetzt hat das Militärgericht in unserem Fall entschieden, es liege gar keine Verletzung militärischer Geheimnisse vor. Also war auch der Lauschangriff widerrechtlich.

Zweitens hat die Abhöraktion der Vizepräsident des obersten Militärgerichts bewilligt. Der Präsident hat sie nun nachträglich abgesegnet. Im Zivilleben ist der Vizepräsident am Bundesgericht faktisch der Chef des Präsidenten.

Sie sehen, wie weit es mit Unabhängigkeit dieser Sonderjustiz her ist. Wir reden immer noch von der Schweiz.

Das politische Nachspiel

Die CIA-Fax-Affäre. Was hat sie uns gebracht? Viel Ärger mit der Justiz, eine Menge Publizität und ein wenig Häme von den Kollegen. Und daneben: Außer Spesen nichts gewesen?

Nein, so düster wollen wird unsere Geschichte nicht beenden. Und danach sieht es auch nicht aus. Es könnte durchaus sein, dass diese Kafkaeske am Ende einen positiven Effekt auf die Pressefreiheit in der Schweiz und die Arbeit der Medienschaffenden hat.

Vier aktuelle Vorgänge bestärken uns in dieser Hoffnung: Ende März 2007 wurde im Nationalrat eine Parlamentarische Initiative eingereicht. 44 Abgeordnete von SP, Grünen und CVP verlangen darin, das Militärstrafgesetz sei dahingehend zu ändern, dass Zivilpersonen nicht mehr der Militärjustiz, sondern der zivilen Justiz unterstehen.

Im Vorfeld unseres Militärgerichtsprozess bildete sich ein überparteiliches Unterstützungskomitee „Freie Presse statt militärische Sondergerichte"[40]. Unter den Erstunterzeichnern befinden sich prominente Politiker aus allen politischen Lagern, Strafrechtsprofessoren, Medienwissenschafter und Historiker. An die 500 Personen haben den Aufruf mit unterzeichnet.

Das skandalöse Urteil gegen die beiden zu Unrecht Verdächtigten hat die Debatte über die Telefonüberwachungen in der Schweiz neu entfacht. In einem Augenblick, in dem die Regierung die präventive Überwachung gesetzlich verankern möchte.

Und schließlich fordert die Schweizer Mediengewerkschaft Comedia just zum heutigen internationalen Tag der Pressefreiheit ein *Aktionsprogramm zur Stärkung der Pressefreiheit*. Im schweizerischen Rechtsstaat würden anachronistische Zustände herrschen, welche die Medienschaffenden in ihrer Arbeit

---

[40] Siehe Internet unter *www.schlapphut.ch*

behindern würden. Die politische und militärische Einflussnahme und die Druckversuche auf die Medien müssen ein Ende haben.
Und das alles wegen dieses Papiers.
Hätten wir es – *im Dienste der Nation* – in einer Schublade verschwinden lassen sollen?

Überparteiliches Komitee
Freie Medien statt militärische Sondergerichte
Keine Zivilpersonen mehr vor die Militärjustiz

Regelmässig verfolgt und verurteilt die Schweizer Militärjustiz Zivilpersonen, vorab Medienschaffende, die kritisch über Vorgänge im Verteidigungsdepartement VBS und in der Armee berichten.
2003 erwähnte der Bundeshauskorrespondent Urs Paul Engeler in der „Weltwoche" den ungefähren Standort eines geheimen Berner Regierungsbunkers. Er wurde daraufhin vom Militärgericht 4 zwar freigesprochen, musste aber gleichwohl eine Disziplinarbuße von 400 Franken bezahlen.
2005 wurde der Bundeshauskorrespondent der „Basler Zeitung", Niklaus Ramseyer, von Armeechef Christophe Keckeis mit 700 Franken gebüsst, weil er über den Standort eines angeblich geheimen Bunkers der Baselbieter Kantonsregierung berichtete.
2006 wurde der „SonntagsBlick"-Journalist Alexander Sautter vom Militärgericht zuerst zu 10 Tagen, dann zu 6 Monaten und schliesslich zu 20 Tagen Gefängnis bedingt verurteilt, weil er die baulichen Mängel einer Luftwaffen-Kaverne in der Innerschweiz publik machte.
Am 17. April 2007 stehen in St. Gallen die „SonntagsBlick"-Journalisten Sandro Brotz, Beat Jost und Christoph Grenacher vor dem Militärgericht 6, weil sie ein Dokument des schweizerischen Auslandgeheimdienstes über einen Fax des ägyptischen Außenministeriums veröffentlichten. Darin bestätigte ein Staat erstmals die Existenz von geheimen Gefangenentransporten und Geheimgefängnissen der CIA in Europa.
Die in Europa einmalige Sondergerichtsbarkeit der schweizerischen Militärjustiz ist aus Sicht des Uno-Menschenrechtspakt höchst problematisch. So stellte der zuständige Ausschuss fest, dass Militär- und Sondergerichte, welche über Zivilpersonen urteilen „zu ernsthaften Problemen bezüglich der unparteiischen und unabhängigen Ausübung der Rechtspflege führen kann." Zudem verletzt die Schweizer Militärgerichtsbarkeit die Prinzipien eines demokratischen Rechtsstaates. Alle Handlungen in Friedenszeiten, die gerichtlich zu beurteilen sind, haben einer einheitlichen Zivilgerichtsbarkeit zu unterstehen. Schon in den 90er-Jahren forderte die Arbeitsgruppe Armeereform unter der Leitung von FDP-Ständerat Otto Schoch: „Die Militärgerichte sind durch zivile kantonale Gerichte zu ersetzen."

Die unterzeichnenden Bürgerinnen und Bürger rufen dazu auf, dass keine Zivilpersonen mehr vor die militärischen Sondergerichte gestellt werden. Bundesrat und Parlament werden aufgefordert, die notwendigen Gesetzesänderungen unverzüglich an die Hand zu nehmen.

Erstunterzeichner/innen des Komitees „Freie Medien statt militärische Sondergerichte" (alphabetisch):

ALBRECHT Peter, Professor für Strafrecht, ehemaliger Strafgerichtspräsident in Basel
AMHERD Viola, Nationalrätin CVP VS, Stadtpräsidentin Brig-Glis
BAUMANN Frank, Werber und TV-Produzent
BLUM Roger, Professor für Kommunikations- und Medienwissenschaft Universität Bern
BODENMANN Peter, Ex-Präsident SP Schweiz, Hotelier + Publizist in Brig
CADSKY Nico, Karikaturist
DAGUET André, Nationalrat SP BE, GL-Mitglied Gewerkschaft Unia
GENNER Ruth, Präsidentin Grüne Partei Schweiz, Nationalrätin ZH
JORIS Elisabeth, Historikerin
KELLER Stefan, Präsident Sektor Presse der Gewerkschaft Comedia
LANG Jo, Nationalrat Grüne-Alternative ZG
LEUENBERGER Ernst, Ständerat SP SO, Ex-Präsident Schweiz. Eisenbahner-Verband SEV
MARTY Dick, Ständerat FDP TI, Alt-Regierungsrat und Ex-Staatsanwalt
NOSER Ruedi, Nationalrat FDP ZH
RECHSTEINER Paul, Nationalrat SP SG, Präsident Schweiz. Gewerkschaftsbund SGB
SAPEY Gérald, Präsident „Reporter ohne Grenzen", Sektion Schweiz
SIMONESCHI-CORTESI Chiara, Nationalrätin CVP TI, 2. Vizepräsidenten des Nationalrats
STÄMPFLI Regula, Dozentin, Politikwissenschaftlerin, Buchautorin
USTER Hanspeter, Alt-Regierungsrat Zug
WIEGAND Markus, Chefredaktor „Schweizer Journalist"
ZAPFL Rosmarie, Alt-Nationalrätin CVP ZH, ehem. Mitglied des Europarates.

Quellen- und Lesehinweise

Brotz, Sandro/Jost, Beat (2006): CIA-Gefängnisse in Europa - Die Fax-Affäre und ihre Folgen. Mit einer Analyse von Dick Marty; Zürich: Orell Füssli Verlag

Satellitenaufklärungssystem des Eidgenössischen Departements für Verteidigung, Bevölkerungsschutz und Sport (Projekt „Onyx"); Bericht der Geschäftsprüfungsdelegation der Eidgenössischen Räte vom 10. November 2003

Report CIA-Affäre; Schlussbericht von Europarats-Ermittler Dick Marty vom 7. Juni 2006. Original-Report: Alleged secret detentions and unlawful inter-state transfers of detainees involving Council of Europe member states. Im Internet unter: http://assembly.coe.int/Documents/WorkingDocs/doc06/edoc10957.pdf

Urteil des Schweizerischen Militärgerichtes 6 vom 17. April 2007 betreffend Verletzung militärischer Geheimnisse, Art. 106 Abs. 1 MStG; 13 S.n (PDF); im Internet unter: http://www.vbs.admin.ch/internet/vbs/de/home/documentation/oa009.html

Blum, Roger: Der manchmal notwendige „Landesverrat". In: Tages-Anzeiger Zürich, 21.01.2006. S. 11

Meyer, A. Frank: Sondergericht. In: SonntagsBlick, 29.01.2006. S. 6

Bodenmann, Peter: Faxen im Dienst. In: Die Weltwoche, 24.08.2006. S. 18

Altwegg, Jürg: Das Militärgericht tagt. In: Frankfurter Allgemeine Zeitung, 20.02.2007. S. 36

Meyer, A. Frank: Die Mitmacher. In: Sonntagsblick, 04.03.2007. S. 13

Lezzi, Bruno; Zivilpersonen gehören nicht vor Militärgerichte. In: Neue Zürcher Zeitung, 16.04.2007. S. 11

Studer, Peter: Zivile Journalisten vor Richtern in Uniform. In: Neue Zürcher Zeitung, 13.04.2007. S. 62

Studer, Peter: Sieg für den Rechtsstaat. In: Der Bund, 21.04.2007. S. 2

Walder, Marc: Militär gegen Zivilisten II. In: Sonntagsblick, 22.04.2007. S. 3

Voll von Propaganda

In Russlands Demokratur regieren Machtinteressen die Medien

Von Boris Reitschuster

Man stelle sich Folgendes vor: Die 19-Uhr-heute-Sendung. Die Topmeldung: Bundeskanzlerin Angela Merkel hat Berlin verlassen, um in einen mecklenburgischen Sommerkurort zu reisen. Dort, so die Sprecherin, wurde die Kanzlerin vom Ministerpräsidenten Mecklenburg-Vorpommerns überaus herzlich empfangen und ließ sich trotz ihres Urlaubs bis in Details über die Probleme Mecklenburg-Vorpommerns informieren. Anschließend traf sich Merkel mit lokalen Politikern und besuchte einen Schweinestall, wo sie sich intensiv nach dem Gedeihen der Tiere und den Kindern des Bauers erkundigte. Auf dem Bildschirm ist zu sehen, wie Merkel eine Sau streichelt. Schnitt. Die Sprecherin ist wieder auf dem Bildschirm zu sehen. Sie erzählt, die Bundeskanzlerin habe vor ihrer Abreise in den Urlaub noch intensiv gearbeitet und Finanzminister Steinbrück im Bundeskanzleramt getroffen: „Die Regierungschefin und der Kassenwart hatten ein sehr produktives Gespräch über die weitere Ausgestaltung der Finanzlage". Dann wechselt die Kamera ins Arbeitszimmer der Kanzlerin und zeigt in starrer Einstellung Merkel und ihren Minister vor dem Schreibtisch sitzen, wobei Steinbrück die Hände wie ein Schuljunge brav an die Hosennaht gelegt hat: „Ich habe gehört, es gibt da ein Problem mit den Finanzen. Das ist schlecht! Sie müssen dafür sorgen, dass wir weniger Schulden haben und die Menschen nicht mehr so viel Steuern bezahlen müssen, denn alles andere schadet der Wirtschaft und hemmt das Wachstum. Ich erwarte einschneidende Schritte von Ihnen, und zwar sofort! Ich warte auf Ihren Bericht!" Der Finanzminister blickt wie vom Blitz der Erkenntnis getroffen auf und erwidert: „Völlig richtig! Wir werden umgehend Maßnahmen einleiten, um die von Ihnen gewünschten Schritte sicherzustellen".

So ungefähr sehen die Abendnachrichten im russischen Staatsfernsehen aus, gut sieben Jahre nach Putins Amtsantritt. Wie zu den Zeiten der Kommunisten gibt es für die großen, landesweit ausgestrahlten Sender offenbar nur ein Kriterium für wirklich wichtige Nachrichten: Die Anwesenheit des Präsidenten. So ist etwa Anfang Juli 2003 der Bericht über die Eröffnung des Bureisker Wasserkraftwerks im Staatssender RTR die Hauptmeldung der Nachrichten: „Bei der Zeremonie der offiziellen Inbetriebnahme der Bureisker Wasserkraftwerkes, des ersten, welches nach dem Zerfall der UdSSR gestartet wurde, war Präsident Wladimir Putin anwesend. Bei der Gratulation für die Bauarbeiter betonte der Präsident, dass die endgültige Inbetriebnahme des Kraftwerks die Energieprobleme im Amur- und Chabarowsker Gebiet lösen wird". Sodann wechselt die Kameraperspektive: „Flughafen Ukrainka. Das Präsidentenflugzeug landet im Amur-Gebiet gleich nach Mittag. Präsident Putin begrüßt den Gouverneur Korotkow." Wenig später folgt eine Ansprache von Putin.

Nicht immer waren die Nachrichten in Russlands Fernsehsender so inhaltsleer und voll von Propaganda. Parallel zum Krieg in Tschetschenien lief seit Putins Amtsantritt ein Feldzug an der Medienfront, der die ohnehin zaghaften Ansätze für eine Meinungsvielfalt in Russland bis auf wenige Feigenblätter fast völlig zunichte machte.

„Seit dem Geiseldrama um Nord-Ost haben Geheimdienste und Sicherheitsbehörden die letzten Hemmungen verloren im Umgang mit den Medien", klagt Pawel Gutionow vom russischen Journalisten-Verband. Nach der blutigen Befreiungsaktion wurden zwar zaghaft kritische Stimmen laut. Doch selbst die offiziell privaten TV-Sender NTW und TWS verschweigen die Aussagen einer Unterhändlerin, der später getöteten Anna Politkowskaja, am Abend vor dem Sturm. Laut Politkowskaja waren die Geiselnehmer bereit, von ihrer Forderung nach einem sofortigen Abzug aller russischen Truppen aus Tschetschenien abzurücken. Der Kreml habe verboten, die Worte Politkowskajas auszustrahlen, berichtet die Moscow Times.

Obwohl die Medien während des Geisel-Dramas streng auf Kreml-Linie liegen, gehen den Mächtigen selbst die wenigen kritischen Zwischentöne zu weit. Alexej Wenediktow, Chefredakteur des Radiosenders Echo Moskau, erhält jeden Tag Anrufe von seinem Mehrheitsaktionär, NTW-Chef Boris Jordan. Der klagt, er habe im Kreml Unannehmlichkeiten wegen der kritischen Berichte in seinem Sender. Auch sein Kollege, Sawik Schuster, stellvertretender Chefredakteur von NTW, hat es nach den Worten Wenediktows nicht leichter: Er lässt in seiner Talkshow „Meinungsfreiheit" den Kreml-Menschenrechtsbeauftragten Oleg Mironow zu Wort kommen. Der fordert live auf Sendung Friedensverhandlungen in Tschetschenien. Kurz darauf wird Senderchef Jordan in den Kreml einbestellt – und aufgefordert, Talkmaster Schuster zu entlassen. Der darf zwar zunächst weiter auf Sendung, aber der Warnschuss dürfte seine Wirkung nicht verfehlt haben. Wenig später wird Schusters Sendung eingestellt. Der beliebte Talkmaster kann in Russland nicht mehr auf Sendung und wechselt in die Ukraine.

Viele Opfer der „Nord-Ost-Tragödie" liegen noch im Krankenhaus, da erhalten mehrere Zeitungen in Russland ungeladenen Besuch vom Geheimdienst FSB und den Sicherheitsbehörden. Bei Sergej Troschnikow, Chefredakteur der Zeitung Swjesda im russischen Perm, preschen junge Männer in Lederjacken durch die Tür. Ohne Durchsuchungsbefehl brechen sie zwei Safes auf. Ein Bericht über Verbindungen zwischen örtlichen Nachrichtendienstlern und einem Drogendealer hatte die Geheimen offenbar stark verärgert. Seltsamerweise beschlagnahmen die Ermittler bei Swjesda auch Recherche-Unterlagen zu örtlichen Mafia-Paten und korrupten Beamten, die keinerlei Bezug zu dem offiziellen Grund für die Durchsuchungsaktion haben.

„Bei den Geheimdienst-Übergriffen auf die Redaktionen geht es darum, das Ansehen der Presse zu beschädigen, uns einzuschüchtern und auf Linie zu trimmen.", glaubt Chefredakteur Troschnikow: „Die Leser reagieren verängstigt. Sie sagen sich, wenn man schon mit den Zeitungen so umspringt, was kann man dann mit uns alles machen. Nach Jahren der Bedeutungslosigkeit und Erniedrigung zeigen die Geheimdienste jetzt wieder Muskeln, sie sagen sich, wir sind wieder wer, schließlich ist der Präsident einer von uns."

Ebenso unerwarteten wie ungebetenen Besuch bekam auch Rustam Arifdschanow. Der Chefredakteur der Moskauer Boulevard-Zeitung Wersija darf nichts erzählen über die Vorwürfe der Nachrichtendienstler - er musste unterschreiben, dass er über die „Geheimnisse der Ermittlungen" Schweigen bewahrt. Kurz nach der Befreiungsaktion im Musical-Theater wollte seine Zeitung Zweifel an der offiziellen Version veröffentlichen, da erschienen sechs junge Männer in der Redaktion im alten Moskauer Arbat-Viertel. Offiziell interessierten sich die Agenten für einen Artikel über einen Hausbau. Geschrieben fünf Monate zuvor, von Wersija-Korrespondent Andrej Soldatow. Wie es der Zufall wollte, ausgerechnet jener Autor, der Augenzeuge bei dem Geiseldrama war und Dutzende von „Nord-Ost"-Augenzeugen, am Sturm beteiligte Elitekämpfer und Ärzte befragt hatte. Kein Wunder, dass die Ermittler auch sein Material zu dem Drama in dem Musical-Theater beschlagnahmten.

Soldatow ist überzeugt, dass der Kreml die wahre Zahl der Nord-Ost-Toten verschweigt: „Die haben die Opfer vor dem Ausgang in drei Schichten übereinander auf den Asphalt gestapelt und dann in Busse gesetzt, damit es so wirkt, als seien sie am Leben." Die Geheimdienstaktion in der Redaktion habe ihr Ziel erreicht, glaubt Soldatow: Statt weiter zu recherchieren und den vermeintlichen Lügen der Mächtigen auf die Spur zu kommen, ist der junge, schmächtige Journalist wochenlang damit beschäftigt, sich der Ermittler zu erwehren. Nach Ansicht seines Chefredakteurs wirkt die Geheimdienst-Aktion auch weit über den Tag und die Redaktion hinaus. Als zwei Jahre zuvor schon einmal der Geheimdienst bei Wersija aufmarschierte, wegen kritischer Berichte über den Untergang des Atom-U-Bootes Kursk im Jahr 2000, gab es ein gewaltiges Medien-Echo. So groß und lautstark war die Solidarität der Journalisten, dass die FSB-Leute den Rückzug antraten. Dieses Mal vermeldeten nur noch wenige Sender und Blätter die Geheimdienst-Aktion, klagt Arifdschanow: „Es herrscht bereits ein Klima der Angst."

Statt Fragen über das haarsträubende Verhalten der Behörden und die vielen Ungereimtheiten bei der Befreiungsaktion im Musical-Theater zu stellen, macht das Moskauer Parlament das angebliche Fehlverhalten von Journalisten zum Thema des Tages. Sie hätten mit ihrer Berichterstattung den Terroristen geholfen und das Leben der Opfer gefährdet, finden die Volksvertreter. Um Wiederholungen auszuschließen, verabschieden sie prompt ein Gesetz, das für die Zukunft jegliche Berichterstattung über Anti-Terror-Aktionen verbieten soll. Nach dem neuen Regelwerk wäre auch jede Berichterstattung über Menschenrechtsverletzungen durch die russische Armee in Tschetschenien illegal – schließlich handelt es sich im Kaukasus nach offizieller Lesart nicht um Krieg, sondern um eine Anti-Terror-Aktion.

Kleinlaut und eher als Bittsteller treten kurz darauf die russischen Medien-Manager im Kreml an: Sie bitten Präsidenten Putin am runden Tisch, das neue, drakonische Mediengesetz der Duma in letzter Sekunde mit seinem Veto zu blockieren. Der gute Zar soll den Retter in der Not spielen und seine bösen Hofschranzen zurechtweisen nach dem Motto: „Wenn der Herrscher das gewusst hätte". Dabei ist bis heute umstritten, ob die Abgeordneten das Pressegesetz nach dem Geiseldrama in vorauseilendem Gehorsam verschärfen wollten, um dem Präsidenten einen vermeintlichen Gefallen zu tun, ob hochrangige Kreml-Beamte aus dem gleichen Motiv die Abgeordneten scharf gemacht hatten oder ob das Kommando von Putin selbst stammte. Wer genau am Ende der Befehlskette stand, scheint aber auch gar nicht entscheidend – der Unmut über die Presse war bei den Mächtigen aller Ebenen gleich groß.

„Wir saßen kaum 15 Minuten mit Putin zusammen, da meinte er plötzlich, okay, ich habe ein Veto gegen das neue Pressegesetz eingelegt. Und es gab eigentlich nichts mehr zu besprechen. Da war klar, dass es sich bei dem Treffen schlicht um eine Inszenierung gehandelt hat", erinnert sich Alexej Simonow von der Moskauer Glasnost-Stiftung, der an der Zusammenkunft im Kreml teilgenommen hatte: „Man hat der Presse die Knute gezeigt, ihr dann etwas Zuckerbrot gegeben, und die Kröten, die im neuen Gesetz bleiben, werden jetzt sogar mit Erleichterung geschluckt – nach dem Motto, es hätte viel schlimmer kommen können."

Für westliche Beobachter wirkt es befremdlich, dass sich der Zorn oder zumindest das Aufklärungsbedürfnis der meisten Moskauer Politiker nur auf die Überbringer der schlechten Nachrichten, die Journalisten, beschränkte, aber nicht im geringsten auf die Entscheidungsträger und ihre mutmaßlichen Fehler. Die alte Sowjetmentalität schlägt hier durch: Was auch immer passiert – etwas

Schlechtes wird erst daraus, wenn schlecht darüber geschrieben wird. Die Duma lehnte die Einsetzung einer Untersuchungskommission mit deutlicher Mehrheit ab. Dass es kein Interesse an Aufklärung gibt, liegt vor allem an der Wagenburg-Mentalität der Moskauer Elite: Wer nicht mit uns ist, ist gegen uns. Wer die eigenen Handlungen hinterfragt, ist damit automatisch auf der Seite der Gegner, der Terroristen. Schließlich befindet sich Russland im Krieg.

Aus dieser Einstellung heraus herrscht im Kreml und bei den meisten russischen Politikern auch aufrichtiges Unverständnis über die kritische Haltung des Westens zum Tschetschenien-Krieg. Wenige Tage nach dem Nord-Ost-Drama schreibt der Pressesekretär der russischen Botschaft in Berlin einen wütenden Brief an die Leitung der ARD und beschwert sich über deren Moskauer Korrespondenten: „Die Berichterstattung finden wir schockierend, gänzlich unhaltbar und verwerflich. Wem eigentlich gelten die Sympathien der ARD-Journalisten – den Opfern oder den Tätern?" Dass die ARD-Berichterstatter auch die andere Seite zu Wort kommen lassen, dass sie nach den Ursachen für den Terrorismus fragen, wird in Moskau schon als Sympathie-Kundgebung gewertet – kein Wunder, erlauben sich doch die russischen Sender kaum noch solche kritischen Beiträge. Von den weiteren Beiträgen werde es abhängen, ob die russischen Stellen in gewohnter Manier mit den ARD-Korrespondenten zusammenarbeiten können, so die verhohlene Drohung am Ende des Botschafts-Briefes.

Wie später aus dem Kreml zu hören ist, war Präsident Putin höchstpersönlich beim Zappen mit der Fernbedienung in seiner Hotelsuite auf einen kritischen ARD-Bericht im Fernsehen gestoßen und hatte sich über die vermeintlich tschetschenenfreundliche Tendenz geärgert. Weil der Staatschef fließend deutsch spricht, können seine Presseleute nicht filtern, was an Fernsehbeiträgen und Zeitungsartikeln aus der Bundesrepublik auf seinen Bildschirm und seinen Schreibtisch gelangt. Deshalb konzentriert sich der Unmut des Präsidenten vor allem auf Medien aus der Bundesrepublik.

Nach den kritischen Berichten zu „Nord-Ost" herrscht im Kreml aufrichtige Empörung darüber, dass die Deutschen nicht in die Lobhudelei der Russen einfallen und sich nicht freuen, dass „so viele Geiseln gerettet wurden". Schnell gelangt auch der Präsident selbst zur Überzeugung, in den deutschen Medien laufe eine gezielte Kampagne, um Moskau in Misskredit zu bringen – einflussreiche Kräfte müssten dahinter stehen, bis hinauf zur Bundesregierung.

So sehr ist die politische Elite in Moskau an die Rolle der Medien als willfähriges Instrument der Mächtigen und Reichen gewöhnt, dass sie es gar nicht ernsthaft in Erwägung zieht, dass die kritischen Berichte auf der Überzeugung der Korrespondenten selbst und auf deren Berufsverständnis basieren, das es ihnen nicht erlaubt, kritische Fragen auszublenden.

Wie verzerrt die Kritik aus dem Ausland in Moskau wahrgenommen wird, zeigt die Auffassung von Putin-Berater Sergej Markow: Die Haltung Westeuropas zu Tschetschenien sei „amoralisch", weil man „eine Bande von Banditen" unterstütze. Europa mache mit Tschetschenien den gleichen Fehler wie Chamberlain mit Hitler und rufe zur „Kapitulation vor den Terroristen auf", findet der Leiter des Institutes für politische Forschung in Moskau, ein Mitglied der von Putin geschaffenen „Gesellschaftskammer". Tatsächlich kamen in der westlichen Berichterstattung die Gräueltaten der Tschetschenen oft zu kurz, die Empörung über den tschetschenischen Terror fiel zuweilen sehr leise aus. Gelegentlich vermittelten Berichte den Eindruck, ein friedfertiges Bergvolk sei plötzlich und grundlos von blutrünstigen russischen Soldaten überfallen worden.

Vielen Moskauer Politikern fällt es aber sehr schwer zu akzeptieren, dass die Menschen im Westen zwar den tschetschenischen Terror verurteilen – aber noch empörter sind, wenn der russische Staat mit gleicher brutaler Gewalt zurückschlägt, weil sie an den Staat andere Erwartungen haben als an Terroristen. Nach ihrem eigenen Selbstverständnis schützen die Russen Europa unter Gefahr für das eigene Leben vor den militanten Extremisten: Kann man es den Militärs da nachsehen, wenn sie über die Stränge schlagen? Haben sie nicht geradezu ein Recht dazu?

Wenn die Diktiergeräte ausgeschaltet sind, rechtfertigen hochrangige Russen das brutale Vorgehen der Armee in Tschetschenien damit, die Terroristen würden ebenso brutal vorgehen. Vielen Entscheidungsträgern in Moskau fehlt das Verständnis, dass die Bedenken der Westeuropäer in Sachen Menschenrechte aufrichtig sein könnten, oder dass die Politiker zumindest nicht stillschweigend über die Empörung in der westlichen Öffentlichkeit hinweg gehen können, auch wenn sie das wohl oft gerne täten, wie das Beispiel des früheren Bundeskanzlers Gerhard Schröder zeigt. Es fehlt der Glaube, der Westen würde wirklich gegen Menschenrechtsverletzungen eintreten und Journalisten würden aus eigenem Antrieb über diese berichten. Nach Überzeugung vieler Russen sind die westlichen Vorbehalte nichts als Taktik und vorgeschobene Argumente, wie man dies von den meisten politischen Debatten dieser Art in Russland kennt: Moralische Beweggründe spielten da in den vergangenen Jahren oft nur eine taktische Rolle.

Für viele Russen vom hohen Kreml-Beamten bis zum Straßenarbeiter scheint es außerhalb ihrer Vorstellungskraft zu liegen, dass sich Minister und Abgeordnete im Westen wirklich um den „Pöbel" und um „Schwarzärsche" Sorgen machen. Statt dessen gibt es jede Menge Verschwörungstheorien, die selbst von renommierten Politikern im Vertrauen immer wieder zu hören sind: So gehe es dem Westen in Wirklichkeit darum, sich mit möglichen Sanktionen wirtschaftliche Konkurrenz aus Russland vom Leib zu halten, man wolle Moskau gezielt aus der Europäischen Union heraushalten oder schlicht den alten Hass auf Russland anfachen.

„Unsere Politiker leben mit der Lüge und haben Angst, sich das einzugestehen", glaubt Grigorij Jawlinskij, Chef der liberalen Jabloko-Partei. Für die Mehrzahl der Moskauer Beamten und Politiker ist es nicht verständlich, dass es bei den meisten Deutschen nicht gut ankommt, wenn die russischen Fernsehsender nach der Erstürmung des Musical-Theaters auf der Dubrowka immer wieder Dutzende getöteter Männer und Frauen in entwürdigenden Posen im Theatersaal zeigen. Bei vielen Russen, die den Terror tschetschenischer Extremisten nicht nur vom Hörensagen kennen, mögen die Aufnahmen der toten Terroristen eine gewisse Genugtuung hervorrufen. In Deutschland dagegen musste ein Innenminister zurücktreten, als bei der Festnahme des Terroristen Wolfgang Grams am 26. Juni 1993 auf einem Bahnhof im Mecklenburgischen Bad Kleinen auch nur der Verdacht aufkam, ein Polizist habe das RAF-Mitglied mutwillig erschossen und die Behörden hätten dies später vertuscht. Auch die vermeintlichen Absichten der Behörden, die Leichen der Terroristen vor der Beerdigung zur Abschreckung in Schweinehäute einzuwickeln, was nach islamischem Glauben die Aufnahme in den Himmel verhindert, lösen in Deutschland eher Unverständnis aus – was viele Russen wiederum als Sympathie für Terroristen interpretieren.

Auch der Beschwerde-Brief aus der russischen Botschaft macht deutlich, in welch unterschiedlichen Welten Russen und Deutsche leben: Wer auch immer das Schreiben in Auftrag gegeben hat, hoffte wohl darauf, der direkte Beschwerdeweg zur Chefetage werde dafür sorgen, dass die deutschen Fernseh-Direktoren ihre Reporter zur Rede stellen und auf Linie bringen, so wie dies wohl in Russland der Fall wäre. Moskauer TV-Chefs würden in einer so heiklen internationalen Angelegenheit wohl sicherheitshalber erst einmal an höherer Stelle nachfragen, wie sie zu reagieren haben und dann ihren Journalisten entsprechende Anweisungen geben – die diese wiederum im Regelfall strikt befolgen würden. In Deutschland fiel die Reaktion jedoch ganz anders aus: Die ARD stellte sich hinter ihre Journalisten, schickte eine geharnischte Antwort zurück, und die Bundesregierung protestierte auf diplomatischem Wege in Moskau. Der Kreml machte sofort einen Rückzieher: Es handle sich um einen eigenmächtigen Schritt des Pressesekretärs in der Berliner Botschaft, von dem Moskau nichts gewusst habe. Dabei erscheint es zumindest merkwürdig, wenn der Pressesprecher einer Auslandsvertretung eigenmächtig die strikte Hierarchie im russischen Außenministerium verletzt haben soll – zumal er auf dem offiziellen Briefpapier der Botschaft mit Konsequenzen in Moskau drohte. Und wenn der Sprecher tatsächlich seine Kompetenzen derart überschritten haben sollte, warum gab es dann keine Konsequenzen?

Der Kautschuk-Präsident

Als kurz nach Wladimir Putins pompöser Amtseinführung im Mai 2000 auf der Frequenz des kritischen Radiosenders Echo Moskaus nur noch ein Brummen im Äther zu hören ist, läuten die Telefone in der Redaktion Sturm: „Ist es soweit? Haben Sie Euch jetzt verboten?" Nur mit Mühe können die Radioleute ihre Hörer beruhigen: „Nein, wir haben den Sender doch nur wegen der üblichen Wartungsarbeiten abgeschaltet – das machen wir doch regelmäßig."

Die Nerven liegen blank im Frühjahr 2000 – bei Journalisten ebenso wie bei kritischen Russen. Menschenrechtler reden bei Treffen mit ausländischen Journalisten in Restaurants wieder im Flüsterton und halten sich bei kritischen Sätzen die Hand vor den Mund. Einen Plan zur „Reform der Verwaltung des Präsidenten der Russischen Förderation" soll es im Kreml geben, schreibt die kritische Zeitung Kommersant. Die dortigen Vorschläge lauten: Kremlkritische Medien in den Bankrott treiben, ihnen die Lizenz entziehen und nicht ruhen, „bis die Tätigkeit jedes oppositionellen Mediums entweder steuerbar oder unmöglich geworden ist".

Im September 2000 veröffentlicht Wladimir Putin schließlich seine „Doktrin zur Informationssicherheit". Zu viel Pressefreiheit gebe es in Russland, heißt es in dem Papier, zu wenig Einschränkungen der „massenhaften Informationsfreiheit" zum Schutz von Ordnung, Moral, Gesundheit und der Verteidigungsfähigkeit. Staatsfernsehen und Staatsmedien sollen die „gegenpropagandistische Tätigkeit" aktivieren. Per Gesetz soll Journalisten unter anderem der „nicht sanktionierte Zugang zu Informationen" und das „Aufdecken vertraulicher Informationen" verboten werden.

Auch die westlichen Korrespondenten nimmt die Doktrin ins Visier: Ihr Status müsse „präzisiert" werden, heißt es. In seiner ersten Rede an die Nation vor der Föderationsversammlung klagt Putin, einige Medien seien „antistaatlich" – Worte, die so nicht im vorbereiten Text der Rede standen und die später auch aus der Mitschrift der Rede gestrichen wurden.

Die Signale aus dem Kreml werden draußen im Land verstanden. Der Reporter Grigorij Pasko wird im Dezember 2001 in Wladiwostok wegen Geheimnisverrats zu vier Jahren Haft verurteilt. Er hatte 1993 Militärs dabei gefilmt, wie sie von einem Tanker radioaktiven Müll in das japanische Meer warfen. Außerdem berichtete Pasko über Korruptionsfälle in der Flotte. Er habe die Informationen an einen ausländischen Korrespondenten weitergegeben, argumentiert das Gericht und sieht darin „Landesverrat" und „Weitergabe militärischer Geheimnisse". Dabei unterliegt nach dem Gesetz kein einziger der aufgeführten Punkte der Geheimhaltung. Im Gegenteil: Nach russischem Recht ist es verboten, ökologische Gefahren vor der Öffentlichkeit geheim zu halten. Im

Januar 2003 wird Pasko vorzeitig aus der Haft entlassen. Richtig frei ist er dennoch nicht: Als internationale Umwelt- und Menschenrechtsorganisationen ihn ins Ausland einladen, verweigern ihm die Behörden einen Reisepass; das zuständige Moskauer Bezirksgericht weigert sich zunächst, seine Klage entgegenzunehmen. Erst als Pasko den Schriftsatz per Post einsendet, entscheidet das Gericht – gegen Pasko. Die Behörden berufen sich auf einen internen Ukas des Innenministers, wonach eine vorzeitige Entlassung nicht als Abbüßen der Strafe gilt. Dass im Gesetz genau das Gegenteil steht und Dutzende vorzeitig Entlassener Reisepässe bekommen, ignorieren die Beamten.

Schon die alte „Pressefreiheit" à la Jelzin hatte diesen Namen nicht verdient. Zwar hatte der Präsident bis auf wenige Ausnahmen, etwa die kurzfristige Einführung einer Zensur nach dem Verfassungsstreit 1993, den Medien zumindest Spielraum gelassen. Dass es dem alternden Herrscher dabei um das demokratische Prinzip ging, glauben aber nur seine besonders hart gesottenen Anhänger. Eine von dem Menschenrechtler und früheren Sacharow-Weggefährten Sergej Kowaljow geleitete Kommission kritisierte schon 1996 die „Zunahme von Eingriffen in die Freiheit des Wortes" und kam zu dem Schluss, dass sich „die russische Regierung durch das Behindern des freien Informationsflusses selbst von der Gesellschaft isoliert." Jelzin hatte sich für Gedrucktes nie interessiert; der ehemalige KPdSU-Provinzsekretär aus dem Ural hielt Zeitungen nicht für sonderlich einflussreich. Die paar Intellektuellen, die sie in den großen Städten lasen, waren nicht wahlentscheidend. Zudem gerieten die meisten Zeitungen in Abhängigkeit der großen Wirtschaftsclans, die sie für ihre Interessen einsetzten.

Über die alles beherrschende Rolle des Fernsehens war sich der alte Präsident jedoch im Klaren. In den Fernsehprogrammen hatte sich ein Gleichgewicht widerstrebender Kräfte gebildet, mit dem der Kreml leben konnte – in entscheidenden Momenten wie der Präsidentschaftswahl 1996 hielten die großen Kanäle trotz aller Unterschiede treu zu Jelzin. Von einer halbwegs funktionierenden Pressefreiheit wie im Westen zu sprechen wäre nicht zuletzt deshalb grob verfehlt. Einflussreiche und windige Geschäftemacher wie der gelernte Theaterregisseur Wladimir Gussinskij, der zu Zeiten der Perestroika als Taxifahrer seine ersten Rubel verdient hatte, erschienen zwar im Westen als aufgeklärte Medien-Tycons, nutzten ihre Zeitungen und TV-Stationen wie den Privatkanal NTW aber oft brutal aus. So mussten die potentiellen Opfer, vor allem Firmen, entweder Werbung auf dem Sender schalten – oder sie hatten mit negativen Berichten bis hin zum Rufmord zu rechnen, wie viele der Betroffenen heute klagen. Die meisten spielten aus Angst vor Image-Schäden mit. So hat sich nach Medienberichten auch der mächtige halbstaatliche Gasprom-Konzern, wegen seiner zahlreichen Korruptionsskandale stets gut für Schlagzeilen, regelrecht „freigekauft" von Enthüllungen und kritischen Kommentaren, indem er Gussinskij dringend benötigte Kredite gewährte. Boris Beresowski, der Kreml-Drahtzieher und Intimus von Jelzin-Tochter Tatjana, besaß ein großes Aktienpaket und damit entscheidenden Einfluss auf den landesweit ausgestrahlten Staatssender ORT – der etwa dem ersten Programm in Deutschland entspricht. „Ich habe alle meine Medien dazu genutzt, um Boris Jelzins Wiederwahl zu sichern", bekannte Beresowski selbst Jahre später stolz. Tatsächlich waren die Medien alles andere als unabhängig, dafür waren sie aber von verschiedenen Herren abhängig und berichteten deshalb von verschiedenen Standpunkten aus – was zumindest zu einer gewissen Meinungsvielfalt führte.

NTW machte sich 1999 im Duma-Wahlkampf für den Jelzin-Konkurrenten und Moskauer Bürgermeister Jurij Luschkow stark, während die Staatssender nach altem sowjetischen Muster plump Putin feierten. Zwar artete die Berichterstattung in eine Schlammschlacht aus, jegliche politische Diskussion drohte abzugleiten und für die Zuschauer war es schwierig, sich abseits von Rufmord und Verleumdung ein objektives Bild zu machen. Aber sie konnten wenigstens umschalten, die unterschiedlichen „Wahrheiten" vergleichen und dann ihre eigenen Schlussfolgerungen ziehen. Gussinskijs Media-Most-Imperium wurde zum Gegengewicht gegen die Vielzahl von kremltreuen Sendern und Zeitungen. Ausgerechnet ein Medien-Tycoon, dem beste Kontakte zum Geheimdienst nachgesagt wurden, wurde zum letzten Bannerträger der Meinungs-Vielfalt in Russland.

Noch kaum ein Jahr zuvor hatten sich die Medienzaren hoch zu Ross gefühlt und im Kreml „die Tür mit dem Fuß aufgemacht", wie ein Regierungsbeamter beklagt. Als Gussinskij 1999, noch unter Präsident Jelzin, zum ersten Mal Wladimir Putin besuchte, wollte er gleich klar machen, wer das Sagen hat. „Du bist ein niemand. Ich kann einen Helden aus Dir machen. Aber das kostet. 140 Millionen Dollar", eröffnete der Medien-Zar dem frisch gewählten Regierungschef. Er verlangte staatliche Kredite zu günstigen Bedingungen. „Danke, aber bemühen Sie sich nicht!", erwiderte Putin höflich – und raunzte später ins Sekretariat: „Ich will diesen Kerl hier nie mehr sehen". Die Szene soll sich so im August 1999 im Weißen Haus an der Moskwa abgespielt haben, kurz nach Putins Ernennung zum Regierungschef.

Nicht allen Oligarchen gegenüber konnte sich Putin 1999 solche Eigenständigkeit erlauben. Als Boris Beresowski in einem Interview erklärt, er habe eine wichtige politische Frage mit Putin abgestimmt, ließ dieser zunächst dementieren – nur um dann Stunden später das Dementi wieder zurückzunehmen. Boris Beresowski behielt offiziell recht. So mächtig war er in diesen Tagen, dass nicht einmal der Ministerpräsident als formal zweiter Mann im Staate Widerworte wagte. Zwischen Putin und Gussinskij herrschte dagegen Krieg.

Der einflussreiche Unternehmer, bislang stets eher dem Profit als der Pressefreiheit verpflichtet, ließ seinen Sender NTW und seine Zeitungen immer wieder Breitseiten gegen Jelzins Wunschnachfolger abfeuern.

Gussinskijs Sender NTW erlaubte sich nicht nur Kritik am Präsidenten – er war die einzige Fernsehstation, die im Jahr 2000 noch gelegentlich kritisch über den Tschetschenien-Krieg berichtete. Besonderen Unmut erregte im Kreml die NTW-Satire-Show Kukly, zu deutsch Puppen. Ob als widerspenstiger Bräutigam in der Hochzeitnacht, brunftiger preußischer Offizier, als Freier oder nackter Kaiser mit neuen Kleidern: Millionen Russen warteten jeden Sonntagabend gespannt vor dem Fernsehschirm, welche Gemeinheiten sich die „Puppen"-Autoren wieder hatten einfallen lassen. In der Rolle Stalins, mit Pfeife und Marschall-Mantel, verteidigte „Putin II." bei seinem ersten Auftritt „im großen Vaterländischen Krieg" die Heimat – vor den bösen Journalisten. In einer anderen Sendung saß Jelzin frei nach E.T.A. Hofmanns Gruselmärchen „Klein-Zack" als verzweifelte Mutter vor einer Wiege, in der eine hässliche Missgeburt lag – der Kautschuk-Putin. Bis dann Geld-Zar Boris Beresowski als Fee mit dem „Fernseh-Zauberstab" heran flog und dafür sorgte, dass alle das Ungetüm als Wunderknaben bewundern.

Dem echten Putin soll bei dem Schabernack regelmäßig der Spaß vergangen sein, haben die Kukly-Leute von der Chefredaktion erfahren. „Unter Jelzin wollten sie uns bestechen, für handzahme Drehbücher", berichtete Viktor Schenderowitsch, Satiriker und einer der Kukly-Autoren: „Jetzt haben sie uns erpresst: 'Lasst die Putin-Puppe vom Bildschirm verschwinden – und dafür lässt Euch die Polizei in Ruhe'". Schenderowitsch schlug zurück. In der nächsten Folge trat statt Putin nur dessen rechte Hand Alexander Woloschin auf. In der Rolle von Moses am Berg Sinai überbrachte er Russlands versammelter Politik-Prominenz die zehn Gebote: „Von dem Herren da oben, der so hell strahlt, dass keiner sein Antlitz sehen kann, ohne zu erblinden". Jeder wußte, wer gemeint ist.

Als Kukly-Chef Wassilij Grigorjew die Puppen Mitte der 90er Jahre erstmals vor die Kamera schickte, ermittelte bald die Staatsanwaltschaft – wegen Verunglimpfung von Amtspersonen. „Aber Jelzin stand immer so weit über den Dingen, dass er uns nicht angriff", erinnerte sich Grigorjew mit Wehmut. Wenig später machte der „Vorkämpfer für die Pressefreiheit" seine Puppen nicht nur absolut handzahm. Im Auftrag autoritärer Regime wie etwa der früheren Sowjetrepublik Aserbaidschan produzierte er gegen Bezahlung „Puppen"-Sendungen der anderen Art: Als Kautschuk-Helden wurde dort ausschließlich die demokratische Opposition durch den Kakao gezogen. Propaganda oder Pressefreiheit, beides scheint eine Frage des Preises zu sein.

Kaum hatten die Russen Wladimir Putin im März 2000 in seinem neuen Arbeitsplatz am Kreml bestätigt, kam es zu einem ersten Warnschuss, der zwar wild inszeniert war, aber noch ohne weitere Folgen blieb: Maskierte Männer stürmten die Zentrale von Gussinskijs Media-Most und durchsuchten die Räume des Medienkonzerns. „Sie haben mich an den Haaren gezogen und dann mit Waffengewalt an die Wand gestellt", berichtete eine Most-Mitarbeiterin.

NTW kritisierte weiter. Wenige Monate später, am 13. Juni 2000, verlor der Kreml die Geduld. Die Staatsanwaltschaft ließ Most-Chef Gussinskij festnehmen, er soll bei der Privatisierung eines Unternehmens Anfang der 90er-Jahre zehn Millionen Euro unterschlagen haben. Ein Vorwurf, der unter den Moskauer Geld-Zaren nur ein bitteres Lächeln hervorrief. Es ist bekannt, dass sich keiner der großen Privatisierungs-Gewinnler bei der Schlacht um das Staatseigentum streng an die Regeln des Gesetzes hielt. „Es gibt nicht einen einzigen, gegen den es nicht umfangreiches Material gibt und gegen den man nicht morgen mit gutem Grund einen Haftbefehl erlassen kann, wenn der politische Willen von oben da ist und ein Signal kommt", bekennt Jurij Skuratow, Generalstaatsanwalt von 1995 bis 1999, der nach eigenem Bekunden die Akten der meisten einschlägigen Geldzaren schon einmal auf seinem Schreibtisch hatte.

Gussinskij wurde in das berüchtigte Butyrka-Gefängnis eingeliefert, wo sich oft Dutzende Häftlinge eine einzige, enge Zelle teilen. Im Moment der Festnahme war Wladimir Putin auf Staatsbesuch in Spanien. Von Journalisten auf den Fall angesprochen, zeigte er sich überrascht und erklärte, er könne den Generalstaatsanwalt am Telefon nicht erreichen. Warum der oberste Strafverfolger die Ermittlungen jahrelang hinschleifen ließ und sie nun ausgerechnet in dem Moment aufnahm, als Gussinskij in Ungnade gefallen ist, bleibt Putins Geheimnis. Auch wenn nicht auszuschließen ist, dass die Generalstaatsanwaltschaft in vorauseilendem Gehorsam den vermeintlichen Willen des Staatschefs erfüllen wollte, wäre es doch sehr seltsam, wenn die sonst so vorsichtige Behörde das plötzlich ohne Rücksprache mit dem Kreml getan hätte.

Gussinskij erklärte später, Presseminister Lessin habe ihn erpresst: Er solle entweder sein Medienimperium verkaufen, oder er komme hinter Gitter, so die Drohung. Lessin bestritt die Vorwürfe und erklärte, Gussinskij habe ihn falsch verstanden. Jedenfalls unterzeichnete der Medien-Unternehmer noch hinter Gittern einen Vertrag, mit dem er de facto den gesamten Media-Most-Konzern für 300 Millionen Dollar dem Gasriesen Gasprom übereignete. Tatsache ist, dass im Anhang des Vertrages Gussinskij „(...)das Ende der strafrechtlichen Verfolgung, (...) die Gewährung von Sicherheitsgarantien (…) einschließlich des Rechts auf freie Bewegung, frei wählbaren Aufenthalt und Wohnort und freies Ein- und Ausreisen aus der Russischen Föderation" garantiert wurde, und der Unternehmer im Gegenzug zusagte, Abstand zu nehmen von „jeglichen Handlungen, einschließlich öffentlicher Auftritte, und der Verbreitung von Informationen, (...) die den konstitutionellen Aufbau oder die Einheit der Russischen Föderation unterhöhlen". Das Dokument, das im Internet veröffentlicht ist, trägt die Unterschrift von Medienministers Lessin. Gussinskij, der auch Chef des Russischen Jüdischen Kongresses und Vize-Chef des World Jewish Congress (WJC) ist, kam nach drei Tagen gegen Kaution auf freien Fuß. Der Vertrag sei null und nichtig, da er nur aufgrund von Druck zustande gekommen sei, erklärte er später. Doch Gussinskij musste sein Medien-Imperium abgeben. Er suchte Zuflucht im Ausland; später verweigerten die spanischen Behörden seine Auslieferung an Russland, weil sie politische Motive für die Ermittlungen der Moskauer Staatsanwaltschaft sahen.

Gussinskijs Schicksal vor Augen, fühlten sich auch Russlands Verleger bedroht. Sie fürchteten einen „Maulkorb" durch eine geplante Steuererhöhung. In einem Brandbrief an Putin machten sie im Sommer 2000 gegen die Regierungs-Pläne mobil. Die Neuregelung würde „die Preise um 45 Prozent in die Höhe schießen lassen und damit viele Redaktionen in den Bankrott treiben", hieß es in dem Schreiben – das sie aus Angst vor dem Kreml nicht veröffentlichten. Dabei hingen schon seit Jahren viele Blätter und Sender am Finanztropf des Staates und zwielichtiger Geschäftsleute. „Der Kreml will die Überbleibsel an kritischer Presse zum Schweigen bringen. Mit der Neuregelung würden endgültig alle rote Zahlen schreiben – und nur, wer brav ist, bekommt Staatsgeld", argwöhnte ein Verleger, der seinen Namen nicht gedruckt sehen will.

Radio Liberty drohte das Presseministerium die Schließung an – wegen kritischer Tschetschenien-Berichte. Bei der Moskauer Glasnost-Stiftung sind Männer in Uniform Dauergäste, wie der Leiter Sergej Grigorjanz beklagt: „Sie bedrohen uns offen. Der Kreml hat Angst vor Enthüllungen". Die liberale Zeitung Nowaja gaseta erhält plötzlich keine Kredite mehr, berichtet Chefredakteur Dmitrij Muratow: „Unsere Bank hat uns offen erklärt, dass der Kreml sie anfeindete, weil sie einem ´kritischen Blatt´ Kredite geben."

Offizielle wie der Vize-Medienminister Michail Seslawinski können die Aufregung um die Pressefreiheit nicht verstehen: „Medien – das ist Business". Sorge um die Pressefreiheit werde vorgeschoben, um wirtschaftliche Interessen zu vertreten, behauptet der Politiker: „Bei der Zeitung „Kommersant" rückte einst die Feuerwehr zu einer Inspektion an. Danach gab es eine Woche lang eine regelrechte Hysterie: Es hieß, die Pressefreiheit sei in Gefahr". Tatsächlich mag es Trittbrettfahrer geben, die unter Hinweis auf die Pressefreiheit ihre wirtschaftlichen Interessen verfolgen. Insgesamt aber sind die Eingriffe so zahlreich und verlaufen stets nach ähnlichen Mustern, dass nur noch wenige an Zufälle glauben wollen.

Der Fernsehputsch

Als Gussinskij noch immer nicht nachgibt, bläst der Kreml im April 2001 zur Entscheidungsschlacht: Als Vollstrecker dient der vom Kreml kontrollierte Gasprom-Konzern – zum Unmut der eigenen Manager. Auf einer Sondersitzung in der Gasprom-Zentrale im Süden Moskaus hatten die NTW-Aktionäre das Management des Senders ausgewechselt. Der halbstaatliche Konzern, der mit Jelzins Segen Gussinskij unterstützt hatte, forderte plötzlich die Begleichung der alten Schulden. Seltsamerweise erhielten andere finanzschwache Sender und Medien, die auf Putin-Kurs liegen, kaum ähnliche Probleme.

In Geheimdienst-Manier lässt die neue, dem Kreml ergebene NTW-Führungsriege mit Hilfe privater Sicherheitsleute die NTW-Studios im Moskauer Fernsehzentrum Ostankino stürmen. Der Liberale Grigorij Jawlinski vergleicht die Ereignisse mit dem Putsch der Altkommunisten gegen Gorbatschow 1991. Neuer Chef des Senders wird der russischstämmige amerikanische Geschäftsmann Boris Jordan, der mit Spekulationen reich geworden war. Kritische Stimmen in der russischen Presse vermuten hinter der Personalentscheidung ein geschicktes Kalkül: Ein Amerikaner als neuer Eigentümer sei dem Westen besser zu verkaufen, und wer umstrittene Geschäfte gemacht habe, werde aus Angst vor dem Staatsanwalt treu mit dem Staat zusammenarbeiten.

Der klamme Gussinskij habe nicht zahlen können, und die Gas-Leute mussten deshalb die Kontrolle des Senders übernehmen, alles sei eine reine Geschäftssache, versichert Präsident Putin dem deutschen Bundeskanzler Schröder kurz darauf im April 2001 beim Gipfel in Petersburg. Der Sozialdemokrat zeigt Verständnis – und bringt damit die Moskauer Opposition gegen sich auf. Schröder sei entweder sträflich ahnungslos oder er mache sich zum Mittäter, kritisiert der Menschenrechtler Sergej Kowaljow. In der Tat war das Signal des Bundeskanzlers in doppelter Hinsicht fatal: Putin konnte die Äußerungen als eine Ermunterung auffassen – und die Opposition als klares Zeichen, dass der Westen Putins Machtpolitik deckt.

Hinter den Kulissen hat der Kreml-Chef einen Vermittlungsversuch im Medienstreit abgeblockt, wie es aus seinem Umfeld heißt. Dass die wirtschaftlichen Argumente offenbar nur vorgeschoben sind, macht der neue Eigentümer Gasprom schnell deutlich: Der halbstaatliche Energie-Riese greift in Gussinskijs Medienimperium hart durch. Die Gas-Manager um den skandalumwitterten deutschstämmigen Alfred Koch stellen die kritische Gussinskji-Tageszeitung

Segodnja ein und wechseln beim Nachrichtenmagazin Igoti die Redaktion aus. Gasprom suche einen westlichen Investor für das Medien-Imperium, beruhigt der Konzern seine Kritiker. Die Opposition hält das jedoch für einen Versuch, den Westen zu beschwichtigen, und sie soll recht behalten: Die angebliche Suche nach einem westlichen Investor ist später vergessen. NTW bleibt fest in den Händen des halbstaatlichen Energie-Riesen – und damit im Einflussbereich des Kremls.

Kaum entlassen, zeigt auch NTW-Chefredakteur Jewgenij Kisseljow eine eigenwillige Vorstellung von Pressefreiheit. Der Gussinskij-Intimus war einst Persisch-Lehrer beim KGB und stilisiert sich gerne zum letzten Bannerträger der Medien-Vielfalt. Während Gussinskij endgültig aus dem Spiel ist, übernimmt Kisseljow mit dem Segen von Boris Beresowski, der inzwischen im Kreml in Ungnade gefallen ist, im Frühjahr 2001 das Kommando bei dessen Sender TW-6 – und kehrt dort mit eisernem Besen. „Kisseljow macht bei uns jetzt das gleiche, was sie mit ihm bei NTW gemacht haben – eine feindliche Übernahme", klagt eine TW-6-Journalistin.

Doch plötzlich geschehen auch beim neuen Sender seltsame Dinge. Obwohl der Kanal mit dem neuen Team erstmals in die Gewinnzone kommt, zieht einer der Miteigentümer, ein Pensionsfond des kremlnahen Ölkonzerns Lukoil, der 15 Prozent an dem Sender hält, vor Gericht. Aufgrund einer Gesetzesregelung, die zum Schutz von Kleinaktionären gegen Konkursverschleppung erlassen, nie angewandt und von der Duma bereits für die Zukunft gestrichen wurde, fordert der Fond, den Sender für bankrott erklären zu lassen – weil die Schulden die Aktiva übersteigen. Das Schiedsgericht für Wirtschaftsstreitigkeiten entspricht der Klage. Es ist schwer zu verstehen, warum ein Ölkonzern einen Sender, der gerade die Gewinnzone erreicht hat und dessen Einnahmen ständig steigen, in den Bankrott treiben will. Der Lukoil-Konzern handelte aber sehr wohl vernünftig – auf Wunsch von oben.

Im Kreml selbst dagegen gilt weiter die alte Sprachregelung vom „Streit zweier wirtschaftlicher Objekte." Wladimir Putin lobt die Arbeit der TW-6 Journalisten, genauso wie er früher NTW gelobt hatte. Am 11. Januar 2002 erklärt das Oberste Schiedsgericht für Wirtschaftsstreitigkeiten Russlands die geplante Abschaltung von TW-6 für rechtmäßig. Putin rief zuvor beim Vorsitzenden an und gab die Urteils-Richtlinie vor, erzählte der Richter später einem bekannten russischen Politiker. Wenig später erklärt der Präsident öffentlich, er werde alles tun, um den Journalisten von TW-6 zu helfen. Kurz darauf, Ende Januar 2002, lässt das Presseministerium TW-6 abschalten.

Im Inland wie im Ausland wird Kritik laut. Daraufhin beschließt der Kreml einen Kompromiss: Gemeinsam mit Ex-Premier Jewgenij Primakow, der nun die Handelskammer leitet, und dem Chef des Unternehmerverbandes gründen Wirtschaftsbosse, die Putin nahe stehen, einen neuen Sender unter dem Namen TWS. Dort bieten sie der alten Kisseljow-Truppe ab dem Frühjahr 2002 eine neue Obhut, offenbar frei nach dem Motto - Wenn Du eine Oppositionsbewegung nicht zum Schweigen bringen kannst, dann bring wenigstens Deine eigenen Leute an ihre Spitze. Zumindest halbwegs scheint die Rechnung aufzugehen. So geben sich die „Regimekritiker" um Kisseljow beim neuen Sender deutlich leiser. Dennoch gehören ihre Nachrichten noch immer zu den professionellsten und kritischsten im neuen Russland.

So kritisch, dass der Sender plötzlich wirtschaftliche Probleme bekommt. Obwohl die Einschaltquoten erstaunlich hoch sind und TWS etwa in Moskau gegen NTW um den dritten Platz in der Zuschauergunst kämpft, reichen die Werbeeinnahmen nicht aus; Video-International, der eng mit Presseminister Lessin verbandelte Marktführer auf dem TV-Werbemarkt, arbeitet nicht mit TWS zusammen – angeblich aufgrund wirtschaftlicher Differenzen. Die Eigentümer haben zunächst wenig Interesse an dem Sender, den sie auf Druck des Kremls gründeten, später streiten sie untereinander um Einfluss im Kanal. Monatelang erhalten die TWS-Journalisten keine Gehälter mehr, der Sender kann seine laufenden Rechnungen nicht mehr bezahlen. Im Frühling 2003 ist die Schließung beschlossene Sache. Chefredakteur Kisseljow bereitet die letzte Sendung seines Wochenmagazins Itogi vor und will sich auf dem Bildschirm von seinen Zuschauern verabschieden.

Doch wieder einmal geschieht alles im Handstreich: In der Nacht auf den 24. Juni 2003, mitten in einer Werbepause, verschwindet TWS plötzlich von den Bildschirmen. Offenbar fürchtet jemand, dass die TV-Journalisten wie einst bei NTW live auf Sendung um ihre Unabhängigkeit und ihren Sender kämpfen und dass es wieder zu Demonstrationen kommen könnte. Die Anweisung zum Abschalten kam aus Lessins Presseministerium – obwohl dies gesetzeswidrig ist: Nur per Gerichtsbeschluss dürfen Fernsehstationen vom Netz genommen werden.

Wieder einmal gilt die Diktatur des Gesetzes, die Putin Russland versprochen hat, nicht für die Mächtigen selbst. Mit TWS ist der letzte landesweit empfangbare Sender, der halbwegs unabhängig berichtet, abgeschaltet – pünktlich vor dem Auftakt zum Duma- und Präsidentschafts-Wahlkampf.

„All das ist eine große Schweinerei, und der Presseminister ist ein Schwein", ereifert sich TWS-Chefredakteur Jewgenij Kisseljow in der Zeitung „Komersant": Die Behörde sei eine gemeingefährliche Organisation, und die Journalisten hätten keine Möglichkeit gehabt, ohne Zensur zu arbeiten. Das Presseministerium begründet die Abschaltung damit, es habe die Interessen der Zuschauer und das „Prinzip der freien Verbreitung von Masseninformation" wahren müssen.

Boris Nemzow, einst Putins Bündnisgenosse und Fraktionschef der Union rechter Kräfte in der Duma, fürchtet weitreichende Folgen: „TWS ist abgeschaltet, und im Land wird es mehr Morde geben, mehr Diebstahl, und im Winter wird in noch mehr Regionen das Heizungssystem ausfallen. Wenn die Mächtigen nicht eine ehrliche Beschreibung der Zustände sehen, sehen sie auch die Probleme nicht."

Auf den verbliebenen staatlichen Kanälen ist in der Tat nicht viel Negatives zu hören – vor allem nicht über den Kreml. Die Konkurrenten verringern nach der TWS-Schließung erst einmal die Zahl ihrer Nachrichtensendungen, obwohl der Wahlkampf für Duma und Präsidentschaft beginnt. Die Informationsprogramme zur vollen Stunde haben manchmal kaum den Namen „Nachrichten" verdient – eher scheint es sich zuweilen um eine Sendung „Putin heute in Russland" zu handeln. Die mehrminütigen Mitschnitte der Zweiergespräche in Putins Amtszimmer im Kreml verlaufen meist nach demselben Mustern, frei von jedem Nachrichtenwert: Der Präsident lässt sich berichten, erkennt ein Problem, weist seinen Gesprächspartner an, es zu beseitigen und Gutes zu tun. Der so Instruierte nickt mit dem Kopf und gelobt mit geneigtem, demutsvollem Blick, fortan alles richtig zu machen.

Amüsante Zwischenfälle, die den Präsidenten zwar menschlich sympathisch, aber nicht als makellosen Helden erscheinen lassen, werden verschwiegen. Etwa, als sich Wladimir Putin im Sommer 2002 in einem Flugsimulator des Kampfflieger-Werkes Suchoi in Moskau als Bruchpilot entpuppt. Die Landebahn ist auf dem Bildschirm schon in Sichtweite, da stocken plötzlich die Motoren. „Der Treibstoff ist alle", ruft der Fluglehrer entsetzt. Doch im letzten Moment rettet er geschickt die Situation: Ein Druck auf den Pauseknopf, das Bild auf der Mattscheibe erstarrt, und Pilot Putin kann erleichtert aus dem Simulator steigen. Wie sich herausstellt, war der Kreml-Herr aus Versehen den ganzen „Flug" über mit ausgefahrenem Brems-Fallschirm unterwegs. Die meisten Sender verlieren kein Wort über das Missgeschick oder lügen gar – sie melden brav eine „glückliche Landung".

Es fällt auf auch, dass Putin auf den offiziell verbreiteten Porträt-Bildern meist streng, zumindest aber ernst in die Kamera blickt – eine Pose, die durchaus nicht typisch für ihn ist. Im privaten Gespräch entwickelt der Staatschef beachtlichen Charme; auf nicht gestellten Aufnahmen wirkt er teilweise fröhlich, ja fast etwas schüchtern – wie der nette Nachbarjunge von nebenan. „Er wirkt ja richtig nett", wunderte sich ein Fotograf, der Putin zuvor nur aus Fernsehen und Zeitungen kannte, nach seiner ersten Begegnung mit dem Präsidenten. Offenbar scheinen solche Bilder nicht mit dem gewünschten Image Putins überein zu stimmen – und werden deshalb kaum verbreitet. Der russische Wähler wünscht sich in seiner Mehrheit einen Zar im Kreml – und keinen charmanten, sympathischen Gutwetter-Politiker.

Im Auftrag des Kreml soll sogar die Errichtung eines Zentrums zur Manipulation der öffentlichen Meinung geplant sein, das den „geeigneten propagandistischen Hintergrund für die Unterstützung der Administration" sicher stellen soll. Einem Bericht der Zeitung Novije Iswestija zufolge gibt es zudem Pläne, alle Medien zu lizensieren und einer Zensurbehörde zu unterwerfen. Loyale Journalisten sollen auf Schlüsselpositionen in den Redaktionen positioniert, regimekritische dagegen diskriminiert werden. Wer zu viel kritisiert, muss mit dem Zorn der Mächtigen rechnen. So machte Medienminister Lessin bei einem Zusammentreffen mit Journalisten unverhohlen klar, wer am längeren Hebel sitzt: „Wir hätten Euch alle schon schließen können". Im Duma-Wahlkampf im Herbst 2003 machten die Geheimdienste Druck auf lokale Radiosender, die Informationsprogramme von ausländischen Sendern wie der Deutschen Welle, BBC oder Radio Liberty übernehmen. Den Chefredakteuren wurde diskret bedeutet, sie sollten die Zusammenarbeit einstellen, wenn sie keine Schwierigkeiten bekommen wollen.

Wladimir Kara-Mursa, Ex-Starmoderator bei TWS, beteuert, er wolle auch als Privatmann nichts mehr wissen von der Mattscheibe: „Ich sehe mir dieses sowjetische Fernsehprogramm nicht mehr an, sondern nur noch Videos", erzählt er der englischsprachigen Moscow Times. Aus Protest arbeite er als Hausmeister – für die Russen ein symbolträchtiger Schritt: „Ich denke, wir haben wieder ein Regime, unter dem es eine Schande ist, erfolgreich zu sein". Kara-Mursa spielt damit an auf Sowjetzeiten, als sich viele intellektuelle Regimekritiker den Lebensunterhalt mit „Dreckarbeit" verdienten, dafür aber moralisch sauber blieben. Die Rückkehr zur Handarbeit ist freilich zumindest teilweise Show: Tatsächlich arbeitet Kara-Mursa weiter freiberuflich als Moderator.

Viele andere TWS-Journalisten, die sich noch kurz zuvor als letzte Instanz der Pressefreiheit ausgaben, wechseln sang und klanglos auf die Gehaltslisten der kremltreuen Sender. Angesichts solcher Sprunghaftigkeit ist es nicht verwunderlich, wenn der Journalismus zu den am meisten verachteten Berufen in Russland zählt: Redakteure, Reporter und Kommentatoren gelten keineswegs als vierte Macht, als eine Instanz, die den Mächtigen und Reichen auf die Finger schaut und sie kontrolliert. sondern eher als deren Kettenhunde, die gegen entsprechendes Kommando oder Bezahlung selbst haarsträubende Fehl-Informationen verbreiten.

Die Medien stehen in dem Ruf, eine der korruptesten Branchen in Russland zu sein. Selbst ausländische Korrespondenten bekommen zuweilen Angebote, passende Berichte gegen entsprechende Bezahlung in ihren Blättern unterzubringen. Wenn sie diese Offerten zurückweisen, sind die Auftraggeber meist überzeugt, dass lediglich die angebotene Summe zu gering war – andere Gründe scheinen nicht denkbar zu sein. Entsprechend abfällig behandeln viele Politiker und Unternehmer die Presse. An der journalistischen Fakultät der Moskauer Lomonossow-Universität etwa wird allen Ernstes gelehrt, Journalismus sei ein Mittel im Machtkampf von Interessengruppen.

Auch abseits bezahlter „Auftragsarbeiten" ist das Niveau der Berichterstattung in Russland zuweilen erschreckend: Reportagen und Berichte sind manchmal frei erfunden, womit sich die Autoren im Kollegenkreis zuweilen auch noch brüsten. Ausländische Journalisten, die Themen aus den russischen Blättern aufgreifen möchten, stellen regelmäßig fest, dass sich bei Nachfragen viele der aufgeführten Fakten als falsch erweisen; zuweilen beklagten die zitierten Interviewpartner, ihre Aussagen seien völlig falsch wiedergegeben. Der „Schlendrian" ist auch darauf zurückzuführen, dass etwa Journalisten bei Zeitungen schlecht bezahlt werden, gute Mitarbeiter deshalb schnell in die Wirtschaft abwandern und Kollegen nachrücken, die oft weder Ausbildung noch eigenen Anspruch vorweisen können.

Der Ruf der Medien in Russland ist derart beschädigt, dass echte Skandale als solche nicht mehr wahrgenommen werden. „Wenn Du zum vierten Mal in einer Zeitung unglaubliche Vorwürfe liest, zum vierten Mal einen Deiner Staatsanwälte darauf ansetzt und der Dir dann zum vierten Mal berichtet, dass alles was in dem Bericht steht erfunden ist, dann wirst Du Dir beim fünften Mal überlegen, ob Du wieder eine Untersuchung einleitest", bringt Russlands früherer Generalstaatsanwalt Jurij Skuratow das Problem auf den Punkt. Wirkt die neue Medienpolitik des Kreml auf die Menschen im Westen befremdlich, so stößt sie bei vielen Russen auf Verständnis und Zustimmung: Da die Journalisten in ihrer Mehrheit als korrupt und als Handlanger der Oligarchen gelten, haben die Menschen mit Reportern und Redakteuren kaum mehr Mitleid als mit bestechlichen Verkehrspolizisten, wenn sie ins Visier der Mächtigen geraten.

Die wenigen kritischen Journalisten müssen jedoch nicht nur damit rechnen, dass sie die Mächtigen und die Leser ignorieren – im schlimmsten Fall droht ihnen Gewalt. „Heute ist Russland das gefährlichste Land Europas für Journalisten", erklärte Robert Ménard, Generalsekretär der internationalen Menschenrechtsorganisation zur Verteidigung der Pressefreiheit, im Frühjahr 2002 in Paris. Dabei sind die „wirtschaftlichen Probleme", mit denen Kreml-Kritiker in Moskau zu rechnen haben, noch harmlos gegenüber den Schwierigkeiten, die unabhängigen Berichterstattern in den Regionen drohen. Viele Regionalfürsten unterbinden Hand in Hand mit örtlichen Größen aus der Wirtschaft und Halbwelt jede kritische Berichterstattung; zahlreiche Journalisten aus der Provinz kamen nach kritischen Berichten unter rätselhaften Umständen ums Leben. Seit

1993 sind in Russland nach Angaben des Journalistenverbandes fast 150 Journalisten gewaltsam gestorben. Allein im Jahr 2002 wurden 19 Reporter getötet; daneben wurden in 99 Fällen Journalisten oder Redaktionen angegriffen – die zahlreichen Fälle von Drohung und Einschüchterung gar nicht mitgerechnet. In Togliatti an der Wolga etwa wurden mehrere Journalisten erschossen, nachdem sie über die Veruntreuung öffentlicher Gelder und die Kontakte des Bürgermeisters zu kriminellen Gruppen und der Drogenmafia sowie über Beziehungen von kriminellen Banden zur Lada-Schmiede Awtovas berichtet hatten.

Scheinwelt auf der Mattscheibe

Die „polit-ideologische Hauptaufgabe Russlands" sei der Aufbau einer „freien, demokratischen Gesellschaft", sagt Putin in seiner Rede an die Nation im April 2005. Die Medien seien endlich von der „Zensur durch die Oligarchen" befreit worden. „Das Recht der Bürger auf eine objektive Information ist die Hauptpriorität in der Entwicklung einer Bürgergesellschaft", fügt der Präsident hinzu – und betont, wie wichtig Glasnost in den Staatsorganen und Objektivität vor allem im Fernsehen seien. Man müsse Garantien dafür schaffen, dass die staatlichen Fernsehsender „maximal objektiv sind, frei vom Einfluss von irgendwelchen Gruppen, und dass sie das Spektrum aller Meinungen im Land wiedergeben". Das sei eine „äußerst wichtige politische Frage, die direkt mit der Wirksamkeit der Prinzipien von Freiheit und Gerechtigkeit in unserer Staatspolitik verbunden ist", fügt der Präsident hinzu.

Knapp ein Jahr später veröffentlicht der Journalistenverband eine Studie: Vier Wochen lang wurden im März 2006 die Nachrichtensendungen der wichtigsten Kanäle verfolgt. In den vier Hauptsendern war demzufolge in den 28 Tagen keine Kritik an Präsident Putin zu hören. Im Ersten Kanal drehten sich gleichwohl 91 Prozent der Nachrichten um den Kreml und die Regierung. 71 Prozent davon hatten einen positiven, 28 Prozent einen neutralen und nur 1 Prozent einen kritischen Grundton. Auf die Opposition entfielen nur 2 Prozent der Meldungen – und das mit negativem Tenor. Im Zweiten, dem Sender RTR, kamen die Kremlkritiker gar nur auf einen 0,6-prozentigen Anteil an den Nachrichten, wurden aber genauso schlecht dargestellt. Beim Gasprom-Sender NTW war Präsident Putin in jedem vierten Nachrichtenbeitrag zu sehen, die Regierung in jedem zweiten, die Kremlpartei Einiges Russland in jedem zehnten – bei durchweg positiver Darstellung.

„Die Medien in Russland haben aufgehört, ein Platz für den Meinungsaustausch und öffentliche Debatten zu sein, für Auseinandersetzungen und Kritik, sie bieten den Menschen keine Möglichkeit, die Meinung der Opposition zu erfahren", beklagt Igor Jakowenko, Vorsitzender des Journalistenverbands, bei der Vorstellung der Studie: Es gebe kaum noch Journalisten in Russland, denn die meisten seien zu Propagandisten und Agitatoren geworden. Die russischen Sender seien einseitig, würden durch Befehle aus dem Präsidialamt gesteuert und sparten eine ganze Reihe von Tabuthemen einfach aus, klagt Wladimir Posner, Präsident der russischen Fernsehakademie: „Sie verdummen die Bevölkerung, denn die erfährt nicht, was in Wirklichkeit passiert im Land." Die Menschen in Russland spürten, dass etwas nicht stimme, aber sie wüssten nicht genau, was. „Zensur ist, wenn ein Zensor die Texte durchsieht, Streichungen macht. Heute haben wir etwas anderes: Erstens Kontrolle von oben, durch Treffen und Telefonate, wo es Anweisungen gibt, was zu tun und zu unterlassen ist. Zweitens durch eine gewaltige Selbstzensur, wenn bei Journalisten schon bei jedem Hinweis auf irgendeine Gefahr wie beim Pawlow'schen Hund der nötige Reflex einsetzt", empört sich Posner. Er weiß, wovon er spricht. Posner zählt zu den beliebtesten Talkmastern in Russland und ist wöchentlich auf Sendung.

Alle Parlamentsfraktionen sollen Zugang zum Fernsehen haben, sagt Putin in seiner Ansprache an die Nation im April 2005. Genau das Gegenteil sei eingetroffen, klagt Dmitri Rogosin, Fraktionschef der Vaterlandspartei im Parlament: „Ich habe gegenüber Putin im Herbst 2005 die Korruption kritisiert und ihm gesagt, dass bei den neuen `Nationalprojekten´ für jedes Projekt 10 Prozent Bakschisch in seinen Apparat flössen. Putin antwortete, er wisse das. Seit diesem Tag darf ich in keinem Fernsehsender mehr gezeigt werden. Aber auch vorher gab es schon absurde Dinge. Nach der orangenen Revolution etwa verbot man mir, in einem orangenen Pulli aufzutreten – dabei hatte ich einfach nichts anderes dabei." Gennadi Sjuganow, der Chef der Kommunisten, ist im Staatsfernsehen seltener zu sehen als US-Präsident Bush. Wenn er doch einmal zu Wort kommt, sind seine Zitate meist so ausgewählt, dass sie wenig Sinn ergeben, und schon gar keinen kritischen. Als der sonst regimetreue Sänger Oleg Gasmanow ein Lied über Korruption im Kreml schreibt, erhält sein Videoclip Bildschirmverbot: Er zeigt, wie Apparatschiks Steine aus der Kremlmauer klauen. Laut Reporter ohne Grenzen (ROG) steht Russland auf einer 167 Länder umfassenden weltweiten Rangliste der Pressefreiheit auf Platz 138 – zwischen dem Iran und den Philippinen.

Die ROG wenden sich im September 2004 mit einem offenen Brief an den Kremlchef: „Seit Ihrem Amtsantritt im Jahr 2000 werden Journalisten eingeschüchtert und bedroht – vor allem in den Provinzen. Russland gehört zu den wenigen Ländern in Europa, in denen kritische Journalisten um ihre Freiheit, ihre Gesundheit oder im Extremfall um ihr Leben fürchten müssen. Seit Ihrem Amtsantritt sind bereits 21 einheimische Journalisten getötet worden. Anfang Juni wurde der Fernsehjournalist Leonid Parfjonow entlassen, weil er in seiner

Sendung über Zensurversuche berichtet hatte. Sein Politmagazin *Namedni* wurde abgesetzt. Kritische Informationssendungen verschwinden aus dem Programm. Am 2. Februar detonierte ein Sprengsatz vor dem Moskauer Apartment von Jelena Tregubowa, einer unabhängigen Journalistin. Sie hatte zuvor ein umstrittenes Buch mit Geschichten aus ihrer Zeit als Kremlberichterstatterin veröffentlicht. Im Vorjahr stieg die Zahl gewalttätiger Übergriffe auf Journalisten auf 24."

Staatlich gesteuerte Unternehmen wie Gasprom kaufen die wenigen noch kritischen Medien auf und bringen sie auf Kreml-Kurs, etwa die einflussreiche Traditionszeitung Iswestia: Trotz steigender Verkaufszahlen entließ die Gasprom-Tochter Gasprommedia wenige Monate nach der Übernahme 2005 den Chefredakteur. Eine der anspruchsvollsten russischen Zeitungen verwandelte sich in kürzester Zeit in ein Verlautbarungsorgan mit Schlagzeilen wie etwa: „Der Kampf gegen die Korruption ist die Aufgabe eines jeden Einzelnen" oder „Die Russen haben gar nicht bemerkt, dass ihre Einnahmen gestiegen sind". Daneben findet sich ein großes Interview mit dem Geheimdienstchef Nikolaj Patruschew, das sich mit Fragen wie „Wer hat Vorrang, wenn es darum geht, dem Land zu dienen?" über weite Strecken liest wie eine Anwerbekampagne des Geheimdienstes. Allgegenwärtig auf der Iswestia-Titelseite ist auch Vizepremier Medwedew, der in Überschriften Botschaften verkündet wie: „Der Wunsch Geld zu spenden definiert den Menschen – Wohltätigkeit ist das beste Mittel gegen Passivität" – Zeilen, die angesichts von Vorwürfen, der Kreml presse Unternehmern regelrecht Geld ab, nicht einer gewissen Pikanterie entbehren.

Als Angela Merkel im April 2006 zum zweiten Mal nach Russland reist, gibt sie nicht etwa dem kritischen Radiosender Echo Moskaus ein Interview, wie das Kanzler Schröder im April 2001 noch tat. Merkel wählt als Medium für ihren Auftritt die Iswestia. Anders als Schröder 2001 bleiben ihr dabei kritische Fragen erspart. In ihrem ersten Interview für eine russische Zeitung ist kein einziges kritisches Wort zur Entwicklung in Russland zu finden. Worte wie Demokratie, Menschenrechte oder Tschetschenien sucht man vergeblich. Als Gipfelthemen nennt Merkel „Fragen der Außenpolitik, der Zusammenarbeit in der Bildung, Wissenschaft, Verteidigungspolitik und anderen Bereichen". Die Zusammenarbeit entwickle sich sehr gut, die Gespräche mit Putin seien offen und ehrlich. Selbst zwischen den Zeilen, wo Russen normalerweise recht gut lesen können, ist keine kritische Botschaft Merkels zu erkennen – entweder schwieg sie oder die Redakteure kürzten. Im Gegensatz zu ihrem Vorgänger Schröder vermeidet es die Kanzlerin aber auch, die Entwicklung in Russland zu loben.

Im Oktober 2005 bekommt eines der Flaggschiffe der Glasnost, die Moskowskie Novosti – im Westen als Moscow News bekannt – einen neuen Eigentümer: den dubiosen Geschäftsmann Arkadi Gaidamak, der aus seiner Wahlheimat Frankreich nach Israel fliehen musste, weil gegen ihn ein Haftbefehl wegen Verdachts des illegalen Waffenhandels erlassen wurde. Gaidamak erklärt, er sehe die Aufgabe einer Zeitung nicht darin, die Machthaber zu kritisieren, sondern sie zu unterstützen. Wenn Russland von frei gewählten Leuten geführt werde, sei es falsch, die öffentliche Meinung gegen diese aufzubringen. Kritiker sprechen von einer „Loyalitätsshow" des umstrittenen Unternehmers. Mit seiner Demutsgeste hoffe er auf die Beißhemmung des Kreml und damit auch der russischen Staatsanwaltschaft. Im Juni 2006 berichtet die Presse, dass der kremlnahe Oligarch Roman Abramowitsch die kritische Zeitung Kommersant aufkaufen wird.

Während es in der Presselandschaft zumindest noch auflagenschwache Blätter gibt, die sich einen kritischen Kurs erlauben, so ist das russische Fernsehen bis auf unbedeutende Regionalsender gleichgeschaltet. Am Abend der Präsidentschaftswahl im März 2004 zeigen die großen Moskauer Sender nach Schließung der Wahllokale statt aktueller Hochrechnungen Spielfilme. Unterbrachen die staatlichen TV-Stationen noch im Wahlkampf ihr Programm für eine halbstündige Rede Putins an seine Unterstützer, so ist ihnen am Wahlabend nicht einmal eine Katastrophe ein paar Meter neben dem Kreml eine längere Meldung wert: Die fast 200 Jahre alte „Manege", eines der bekanntesten Bauwerke Moskaus, steht lichterloh in Flammen. Weithin sichtbar erhebt sich eine gewaltige, rote Feuersäule gespenstisch über den Kreml in die Luft, nur ein paar hundert Meter vom Arbeitszimmer Wladimir Putins und der Zentralen Wahlkommission entfernt. Statt Bildern von der Brandkatastrophe, bei der zwei Feuerwehrleute ums Leben kommen, zeigt der Staatssender RTR mehrfach eine Reportage über die Symbole von Putins Macht: Ausführlich können die Zuschauer die Verfassung bewundern, auf deren Einband er seine Hand beim Amtseid legte; sodann berichtet eine Näherin, wie sie einst die Landesflagge mit Gold bestickte, die heute über Putins Amtssitz im Kreml weht. Die Gegenkandidaten des Präsidenten kommen kaum zu Wort. Dafür ist zu sehen, wie Putin vor einer handverlesenen Journalistenrunde verspricht, er werde die Pressefreiheit sichern.

Wie zu Sowjetzeiten ist wieder zu bemerken, dass abends zu den vollen Stunden, wenn die Spielfilme enden und die Nachrichten beginnen, vermehrt Hunde ausgeführt werden. Tatsächlich verpassen „Herrchen" und „Frauchen" wenig: Wie im Sozialismus vermitteln die Nachrichten im Jahr sechs unter Putin eine Scheinwelt, in der es ernste Probleme nur im Westen und in den früheren

Sowjetrepubliken gibt. Es ist viel von großen Plänen und Projekten für die Zukunft die Rede und wenig von den Problemen der Gegenwart. Zuweilen gibt es kritische Berichte über Minister oder örtliche Politiker und Beamte, Bestechungsfälle dürfen offenbar hin und wieder gezeigt werden, wenn sie nicht über die lokale Ebene hinausgehen; nach Ansicht von Kritikern handelt es sich dabei um ein „gesteuertes Dampfablassen": Der Zuschauer soll sich in dem Glauben wiegen, die Bösewichter würden bestraft. Korruption erscheint so als Ausnahme, die erfolgreich bekämpft wird, obwohl sie in der Realität die Regel ist. Jegliche noch so sanfte Kritik an Putin, an seiner Umgebung, am politischen System, an demokratischen Defiziten und dergleichen ist tabu. Zuweilen greift die Zensur sogar auf die Werbung über. Nachdem das Wochenmagazin Russki Newsweek, das von einer Tochter des deutschen Axel-Springer-Verlages in Moskau herausgegeben wird, auf dem Titelbild in einer Fotomontage Stalin neben Putin zeigte, versagte der zu Gasprom gehörende Sender NTW dem Verlag die Fernsehwerbung und drohte an, einen siebenstelligen Werbevertrag mit dem Heft aufzulösen.

Neben Druck sind Finten an der Tagesordnung. Nach den Regionalwahlen in Magadan zeigt der Staatssender RTR eine Balkengraphik mit dem Ergebnis. Ganz links ist der Balken der Kremlpartei „Einiges Russland" zu sehen, der beeindruckend hoch bis zur Überschrift reicht. Bescheiden macht sich daneben der Balken des Zweitplatzierten aus – der „Partei der Veteranen", die offenbar eines der vielen Kremlprojekte zur Schaffung einer loyalen, steuerbaren Opposition ist. Der Balken der Veteranen kommt gerade einmal auf die halbe Höhe der Kremlpartei, die anderen Parteien schneiden noch schlechter ab. Der Eindruck, den die Zuschauer bekommen, ist eindeutig: Einiges Russland ist doppelt so stark wie der Nächstplatzierte. Nur wenige machen sich wohl die Mühe, die genannten Prozentzahlen gegeneinander aufzurechnen – denn dann wäre das Ergebnis ein ganz anderes: Im Gegensatz zur Graphik hat Einiges Russland mit einem Stimmenanteil von 28,89 Prozent keinesfalls 100 Prozent mehr Stimmen als der Zweitplatzierte mit 20,59 Prozent, sondern nur etwa 40 Prozent mehr.

Einen Tag, nachdem eine Messerattacke auf Ex-Yukos-Chef Michail Chodorkowski im Straflager im Fernen Osten bekannt wurde, sind die wichtigsten Themen in den staatlichen Fernsehsendern am 15. April 2006 unter anderem, wie Gasprom-Aufsichtsrat „Dmitri Medwedew von den Erfolgen von Gasprom erzählt" (NTW) – und wie derselbe Medwedew, gleichzeitig Vizepremier, sich „mit den reichsten Russen traf" (Erster Kanal). Kritische Fragen werden keine gestellt. Weiter heißt es: „In dieser Woche wurde Russland noch reicher, folglich wurde auch jeder von uns reicher." Medwedew war in den Monaten zuvor als Präsidialamtschef so gut wie gar nicht im Fernsehen zu sehen; seit ihn Putin zum Vizeregierungschef ernannte und damit zu einem seiner möglichen Nachfolger auserkor, gehört er aber ebenso zum festen Inventar der Nachrichtensendungen wie der Wodka zu jeder russischen Feier – auch wenn ein konkreter Anlass fehlt. Auch wichtige Neuigkeiten über das Staatsoberhaupt fehlen nicht: „Wladimir Putin hat einen Dienst-Passierschein für das bekannte Theater ‚Zeitgenossen' erhalten", das der Präsident anlässlich dessen Jubiläums besuchte. Kein Wort erfahren die Zuschauer dagegen über Berichte von Chodorkowskis Anwälten, wonach das Gesicht des einstmals reichsten Manns in Russland durch die Messerattacke entstellt wurde. Ebenso unerwähnt bleibt eine Demonstration von 1500 Moskauern gegen die Pressezensur auf dem Moskauer Puschkinplatz. Während die Protestaktion den russischen Fernsehzuschauern ebenso vorenthalten wird wie die meisten nicht vom Staat organisierten Aktionen, findet sie selbst im fernen Deutschland in den Tagesthemen breiten Widerhall. Stattdessen erfahren die Zuschauer viel von einer Sitzung der kremltreuen Jugendorganisation Die Unsrigen und von den Resultaten der größten Übungen der Langstreckenflieger seit Jahren.

Im April 2007 strahlt der staatliche Sender Rossija einen französischen Dokumentarfilm über die demokratischen Revolutionen in Serbien, Georgien und der Ukraine aus. Tagelang wird mit riesigem Aufwand für den Film geworben. Was dann auf dem Bildschirm zu sehen ist, wirkt merkwürdig einseitig. Recherchen ergeben, dass der Staatsender den Film massiv gekürzt hat – so sind unter anderem die Stellen der Schere zum Opfer gefallen, in denen die alten Regime in den betroffenen Ländern negativ gezeigt werden. Auch den Schluss, in dem es um Pläne für eine orange Revolution in Russland und die Gegenmaßnahmen des Kreml geht, bekommen die russischen Zuschauer nicht zu sehen. Als die Manipulation auffliegt, behauptet der Sender, die französische Verleihfirma hätte diese Kürzungen verlangt. Die dementiert prompt – und droht den Moskauer Fernsehmachern mit einer Klage.

Im Juli 2007 zeigt ebenfalls Sender Rossija eine getürkte Titelseite der englischen Times. Ein Meinungsbeitrag aus den hinteren Seiten, in dem der Exil-Oligarch und Putin-Intimfeind Boris Beresowskij beschuldigt wird, er nutze England aus für seine private Fehde mit dem Kreml, wird in einer Einblendung als der Aufmacher auf der Seite 1 des angesehenen britischen Blattes gezeigt. Dabei verwendeten die russischen Fernsehleute aber eine veraltete Vorlage – ein altes Times-Layout, das in Wirklichkeit gar nicht mehr verwendet wird: Fachleute erkennen den Betrug sofort, Millionen russischer Fernsehzuschauer haben dagegen keine Chance, ihn zu durchblicken.

Die Scheinwelt auf der Mattscheibe treibt bizarre Blüten. Russland ist auf den Hund gekommen – zumindest auf dem Bildschirm. Während Kremlkritiker dort kaum noch das Wort ergreifen dürfen, rücken die Vierbeiner des Präsidenten zunehmend ins Rampenlicht. Etwa beim Besuch von Italiens Ministerpräsident Silvio Berlusconi in Putins Sommerresidenz im September 2005. Russlands Fernsehzuschauer erleben den Gipfel aus Vierbeiner-Perspektive: „Die ersten, die die Italiener zum Abschiedsfrühstück begrüßten, waren die beiden Zwergpudel von Ljudmila Putina, Rodeo und Toska." Anschließend erfuhr der politisch interessierte Russe, dass sich Conny, der Präsidenten-Labrador, reservierter zeigte als die Pudel der First Lady und nur mit dem Schwanz wedelte. Wie einst im alten Rom Seher aus den Eingeweiden von Vögeln die Zukunft lasen, so könnte den Bürgern im modernen Russland bald blühen, aus dem Wedeln von Hundeschwänzen politische Neuigkeiten entnehmen zu müssen: Denn über die politischen Hintergründe des Treffens erfuhr der Fernsehzuschauer nichts. Auch bei den Duma-Wahlen 2003 war in den Nachrichten fast mehr von Kreml-Hündin Conny die Rede als von der Opposition – hatte das Tier doch just in der Nacht vor dem Urnengang Nachwuchs zur Welt gebracht. „Die Zunge weigert sich, im Zusammenhang mit ihr das ordinäre Wort Hündin zu gebrauchen", begeisterte sich etwa ein Kommentator; ein anderer bezeichnete die schwarzfellige Conny, die ihren Namen bösen Gerüchten zufolge US-Außenministerin Condoleezza Rice verdankt, als „nationale Errungenschaft".

Es gibt Momente, da wird Angela Merkel wohl neidisch sein auf Russlands Präsident Putin. Quälen Journalisten die Bundeskanzlerin regelmäßig mit bohrenden Fragen, so bekommt der Kreml-Chef bei seinen Pressekonferenzen mehr Komplimente und Bitten zu Ohren als kritische Töne. „Wie schaffen Sie es, so gut auszusehen?" – so lautet eine der Fragen, die eine russische Journalistin ihrem Staatschef im Januar 2006 bei einer gigantischen Pressekonferenz mit mehr als 1000 Journalisten im Kreml stellte. Kein Alkohol, keine Drogen und viel Sport – so die Antwort des Präsidenten. Mehr als 60 Fragen beantwortete Putin in rund dreieinhalb Stunden. Die meisten wurden live im Fernsehen übertragen. Viele Wortmeldungen erinnerten jedoch weniger an eine Fragerunde mit einer kritischen Presse denn an fiktive Fragebögen, wie sie Unternehmen zur Eigenreklame in ihren Firmenprospekten abdrucken – in denen Fragen und Antworten aus einer Feder stammen.

Viele Wortmeldungen entsprachen auffallend dem Geschmack und den Lieblingsthemen des Gefragten. Einige kritische Themen wurden zwar angesprochen – doch die Fragen dazu blieben meist sehr handzahm: In Putins Presse-Show treten die Journalisten eher als Stichwortgeber und Statisten auf denn als Kontrolleure der Macht. Brennende Themen wie die allgegenwärtige Korruption, Bürokratie-Willkür, Pressezensur und Repressionen gegen die Opposition blieben fast gänzlich tabu.

„Sind Sie zufrieden mit dem was sie erreicht haben?", wollte stattdessen etwa ein ausländischer Dokumentarfilmer wissen. „Verraten Sie uns bitte das

Geheimnis des politischen Erfolges?", fragte eine junge Journalistin aus Wolgograd. „Wann besuchen Sie Burjatien?", war die einzige Frage einer Journalistin aus der russischen Teilrepublik am Baikalsee – die dem Präsidenten dann prompt zum „Neujahr nach dem Mondkalender" gratulierte und damit lautstarken Beifall einheimste.

So viel Freundlichkeit in den Fragen komme nicht von ungefähr, berichten Eingeweihte: Putins Pressedienst verteile die Fragen schon mal vorab an die Journalisten – und lasse verdächtige Kreml-Kritiker nicht zu Wort kommen. Zahlreiche Medienleute aus der Provinz nutzen die jährlichen Pressekonferenzen in der „Vertikale der Macht", um den Präsidenten auf die unteren Regionen seiner „Machtpyramide" aufmerksam zu machen – etwa mit Fragen wie: „Wo sehen Sie das menschliche Potential Sibiriens?" oder „Hat sich Ihre Einstellung zum Fernen Osten als strategisch wichtiger Region nicht geändert?"

„Das erinnert eher an einen Empfang von Bittstellern am Zarenhof als an eine Pressekonferenz", feixte ein osteuropäischer Auslandskorrespondent hinter den Kulissen. „Putin sprach offen und ansprechend und sorgte dafür, dass es niemand langweilig wird", hieß es dagegen im kremltreuen russischen Fernsehen in den Abendnachrichten.

Während die kremltreuen russischen Medien breit zu Wort kamen, gelang es nur einer Handvoll vorwiegend ausländischer Korrespondenten, brenzlige Fragen zu stellen. Ob Russland sein Gas künftig wie seine Atomwaffen als Druckmittel nutzen wolle, wollte etwa ein französischer Journalist in Anspielung auf den russisch-ukrainischen Gaskonflikt nach Neujahr wissen. „Wir haben noch genügend Atomraketen, und bauen unser Arsenal sogar aus", konterte Putin mit leichter Wut in der Stimme – und verwies stolz auf Atomraketen „von ganz neuer Art, die nur wir besitzen".

Angesichts permanenter Bauchpinselei zeigte sich der Präsident in Sachen Kritik aus dem Ausland sehr dünnhäutig. „Es gibt notorische Sowjetologen, die nicht verstehen, was in unserem Land passiert. Mit ihnen zu diskutieren ist sinnlos. Sie verdienen nur eine kurze Erwiderung: „Pfui!"

Seinem Duzfreund Gerhard Schröder, der bald den Aufsichtsratsvorsitz in einem Tochterunternehmen des Kreml-kontrollierten Gasprom-Konzerns übernehmen wird, will Putin nicht in die Wirtschaft folgen, wie er eröffnete. Eine Arbeit bei Russlands Gas-Giganten käme für ihn nicht in Frage, sagte der Staatschef, der beim KGB einst eine Ausbildung als Agent erhielt: „Weder von meinem Charakter noch von meiner bisherigen Lebenserfahrung fühle ich mich als Geschäftsmann."

Die Beobachter im Westen mögen angesichts solcher absurden Inszenierungen die Nase rümpfen. Doch sie sollten nicht allzu sicher sein, dass die russischen Verhältnisse in Deutschland völlig undenkbar sind. Vieles spricht dafür, dass die Zensur des Kreml inzwischen sogar im fernen Deutschland ihre Blüten treibt. Neben dem russischen Botschafter Wladimir Kotenev und vier anderen Gästen wird der Oppositionspolitiker Garri Kasparow im Dezember 2006 zu der ARD-Talkshow „Sabine Christiansen" eingeladen. Er soll direkt aus dem Moskauer ARD-Studio zugeschaltet werden. Zwei Tage vor der Sendung bekommt Kasparow einen Anruf, dass es vielleicht „technische Probleme" geben könnte. Einen Tag vor der Sendung frägt ein Assistentin Kasparows nochmal bei Christiansens Leute nach: Die sagen ihm, er könne nicht an der Talkshow teilnehmen – die technischen Probleme seien nicht zu lösen. Kasparow selbst kann an diese Begründung nicht recht glauben. „Ich bin in Moskau und war fest darauf eingestellt, ins Studio zu fahren", sagt Kasparow: „Die Absage kam für mich völlig überraschend." Den Grund hält er für „vorgeschoben". Wenn er mit anderen TV-Stationen Interviews mache, gebe es bei den Fernsehbrücken aus Moskau keine Probleme, sagte er. Im russischen Fernsehen dagagen höre er auch immer wieder die Ausrede, dass es „aus technischen Gründen" nicht gehe. „Ich habe meinen Ohren nicht getraut, als ich den gleichen Grund aus Deutschland gehört habe", sagt der Ex-Schach-Weltmeister. Der frühere Monitor-Chef und ARD-Moskau-Korrespondent Klaus Bednarz berichtet, die Auslandung sei auf Druck von Putins Botschafter in Berlin, Wladimir Kotenev, erfolgt. „Der Botschafter habe sich in einem Vorgespräch mit Christiansen geweigert, mit Kasparow gemeinsam vor die Kamera zu treten, das jedenfalls berichtete mir ein Vertreter der Redaktion am Mittwoch per Telefon", sagte der ebenfalls kurzfristig aus der Sendung ausgeladene Bednarz.

Ein Sprecher von Sabine Christiansen erklärt, dass es „definitiv nicht stimmt, dass Kasparow wegen einer Intervention des russischen Botschafters abgesagt wurde". Zunächst heißt es aus der Redaktion in Berlin, man habe Kasparow wegen technischer Probleme in Moskau nicht per Fernsehbrücke zuschalten können; später wird angegeben, in Deutschland habe es technische Probleme gegeben. Kurz darauf sagt der Sprecher der Talkmasterin, hohe Kosten für eine Schaltung nach Moskau seien der wirkliche Grund für die Absage an den Kreml-Kritiker zwei Tage vor der Sendung gewesen. Bednarz hält diese Angaben für nicht stichhaltig: „Allein dass sich die Begründungen so oft ändern, ist seltsam." Schaltungen nach Moskau seien problemlos möglich und erfolgten oft mehrmals täglich. „Die neueste Begründung, dass es ums Geld ging, verstehe ich auch nicht", sagt Bednarz: „Wenn es finanziell möglich war, Frau Krone-Schmalz aus Spanien einzufliegen, hätte man genauso gut Kasparow in einem Moskauer Studio zuschalten können."

Bednarz hatte nach seinen Angaben bereits Tickets und Vertrag vorliegen, als auch er selbst zwei Tage vor der Sendung am Freitag ausgeladen wurde. Ein Christiansen-Sprecher sagte hingegen, es habe nur eine unverbindliche

Vorabsprache mit dem als kreml-kritisch geltenden Journalisten gegeben. Bednarz wurde demzufolge zurückgepfiffen, weil Christiansen auch eine Frau unter den Gästen haben wollte und Gabriele Krone-Schmalz kurzfristig zugesagt hatte: „Wenn der russische Botschafter bestimmen kann, wer bei einer Talkshow im öffentlich-rechtlichen Fernsehen teilnehmen darf, ist das ein Skandal", empört sich der Menschenrechtsbeauftragte der Bundesregierung, Günter Nooke. Die Sendung sei nicht ausgewogen gewesen und kritische Stimmen aus Russland seien nicht zu Wort gekommen, findet Nooke: „Der russische Botschafter Wladimir Kotenev und Frau Krone-Schmalz beklagten sich in der Talkshow über ein zu kritisches Russland-Bild. Da muss man dagegen fragen, was für ein Bild Russland selbst bietet, etwa durch Herrn Kotenev." Der russische Botschafter habe im November bei seiner Trauerrede den früheren Stasi-Auslandschef Markus Wolf in höchsten Tönen gelobt und damit selbst ein sehr deutliches Zeichen gesetzt. „Ich habe gerade erst am Tag der Menschenrechte gegen die Beschneidung der Pressefreiheit protestiert", sagt Nooke: „Das war auf diktatorische Regime gemünzt, und darum bin ich besonders verärgert, wenn nun so etwas bei uns in Deutschland passiert". Wenn Kreml-Kritiker im deutschen Fernsehen wie im russischen ausgeblendet würden, sei das „ein fatales Signal für kritische Stimmen in Moskau", so der Christdemokrat: „Dadurch nimmt das gute Ansehen der deutschen Demokratie und Pressefreiheit in Russland Schaden."

Im Bemühen um einen Ausgleich lädt Sabine Christiansen Kasparow ein, in den nächsten Monaten in einer neuen Sendung von ihr zu Gast zu sein: Sie hält Wort. Formal. Doch in der neuen Sendung geht es nur am Rande um Russland – und Kasparow kommt kaum zu Wort.

Im September 2005 stellt sich der Präsident in einer Fernseh-Sprechstunde drei Stunden lang sechzig Fragen von sorgfältig ausgewählten Zuschauern. Themen wie Beslan oder Yukos kommen nicht vor. Dafür sind Fragen zu hören wie: „Warum lachen Sie so selten", „Wie kann man eine Arbeit im Präsidialamt bekommen?" oder „Waren Sie in der Jugend ein vorbildlicher Besucher der Bücherei?" Als sich eine Rentnerin aus einem Dorf bei Stawropol im Nordkaukasus beklagt, dass sie keine Wasserleitungen habe, versichert Putin ihr, entweder werde die Röhre sofort gebaut oder er werde den Gouverneur nicht wieder ernennen. Die Röhre wird noch am selben Tag gelegt. Es sind Auftritte wie dieser, die Putins Beliebtheit mit begründen. Bürger, die kritische Fragen stellen wollten, berichten später, sie seien abgedrängt worden; in Workuta wurde ein Bürgerrechtler mit Prügeln vom Fragen abgehalten. „Wer in unserem Fernsehen die Nachrichten anschaltet, bekommt den Eindruck, er befinde sich in einem Schlaraffenland ohne innere Probleme, aber dafür mit schlimmen Feinden im Ausland - wo die Menschen unter schrecklichen Missständen leiden", sagt der Moskauer Soziologe Leonid Sedow. Die heile Scheinwelt und die Feindbilder des russischen Fernsehens, das für die meisten Russen die wichtigste und oft auch einzige Informationsquelle ist, haben weitgehende Folgen auf das Bewusstsein der Menschen.

Die Zensur ist auf doppelte Weise verhängnisvoll. Wenn die Mehrzahl der Russen heute eine Abneigung gegenüber der Demokratie hat und dieses Fremdwort in erster Linie mit Chaos und Wirrwarr zu Jelzins Zeiten verbindet, so wird dieses Urteil nicht zuletzt durch einen Umstand verstärkt, der rückwirkend beinahe tragikomisch wirkt: Anders als früher zu Sowjetzeiten und heute unter Putin berichteten die Medien unter Zar Boris offen über die Missstände im Land. Zwar gab es keine Pressefreiheit im westlichen Sinne, mit unabhängigen Medien, denn fast alle wichtigen Sender und Zeitungen dienten Oligarchen und publizierten, was ihnen aufgetragen wurde - aber es gab kaum Zensur. Da die Fernsehsender, Radiostationen und Zeitungen unterschiedlichen Eigentümern gehörten, wiesen sie - wenn nicht gerade Wahlen anstanden - eine ansehnliche Meinungsvielfalt auf. Man konnte ganz verschiedene Nachrichten sehen und sich dann selbst ein Urteil bilden.

Für die Menschen in Russland, die aus Sowjetzeiten gewohnt waren, dass selbst über Katastrophen nur kurz und mit dem beruhigenden Tonfall eines Psychiaters berichtet wurde, musste das Fernsehen in den Reformjahren den Eindruck erwecken, um sie herum geschehe die Apokalypse: Da war immer wieder von neuen Gräueln in Tschetschenien die Rede, von endlosem Streit im Parlament und in der Regierung, von Korruption und Armut, von Misswirtschaft und Behördenwillkür und von Kriminalität, die man unter den Sowjets eher verschwiegen hatte. Dass die Presse halbwegs frei berichten konnte, trug ganz wesentlich zum negativen Bild der Jelzin-Zeit in den Köpfen der Russen bei. Müssten Historiker in ferner Zukunft allein anhand von archivierten Nachrichtensendungen über die Geschichte Russlands urteilen, kämen sie zu dem Schluss, das Land sei nach Jahren fast ohne Kriminalität, Armut, soziale Ungerechtigkeit und Korruption unter Gorbatschow beinahe von einem Tag auf den anderen zu einem Hort des Verbrechens, der Armut und kriegerischer Konflikte geworden – bevor Wladimir Putin all diese Probleme wieder weitgehend ausmerzte.

Anders als die Sowjetherrscher haben ihre Nachfolger im Kreml begriffen, dass es nicht notwendig ist, alle kritischen Stimmen zu unterdrücken. Im Gegenteil: Es ist weitaus sinnvoller, wenn man sie zu Wort kommen lässt, aber dafür sorgt, dass nur ein kleiner Teil der Bevölkerung ihre Äußerungen zu hören bekommt und der Großteil ausschließlich der staatlichen Propaganda ausgesetzt ist. Der Radiosender Echo Moskaus sowie einige unabhängige, kritische Zeitungen und Websites im Internet sind das Ventil, über das die Unzufriedenen

Dampf ablassen dürfen. Mit Verweis auf dieses Feigenblatt des Systems wird die Kritik an Zensur und Medienkontrolle zurückgewiesen – nach dem Motto: „Seht her, wir haben doch kritische Medien." Eine ähnliche Rolle erfüllte zu Sowjetzeiten die Literaturnaja gaseta – auch wenn die Kommunisten ängstlicher waren und dem Blatt weit weniger Freiheiten einräumten.

Die Taktik geht auf. 51,6 Prozent der Russen glauben an die Informationen der Medien, wie eine Umfrage im Oktober 2005 ergab. Bemerkenswerterweise ist das Vertrauen umso größer, je jünger die Befragten sind – offenbar haben sie die Propaganda des Sowjetsystems nicht mehr in Erinnerung und tun sich schwerer, die Steuerung der Medien zu durchschauen. Nach einer Umfrage des kremlnahen Meinungsforschungsinstituts WZIOM vom Oktober 2005 nutzen 92 Prozent der Russen das Fernsehen als Informationsquelle; nur 40 Prozent lesen zusätzlich Zeitung, 34 Prozent informieren sich übers Radio. Nur 4 Prozent der Russen, also jeder 25., nennt als Nachrichtenquelle das Internet. Ausländische Medien liest nur jeder 50. Russe. Unter den sozial Schwachen mit Einkünften unter 1500 Rubel (ca. 45 Euro) im Monat liegt der Anteil derjenigen, die sich per Internet informieren, gar bei nur einem Prozent. Zeitungen und Journale liest nur ein gutes Drittel dieser Gruppe. Der Umfrage zufolge sind knapp zwei Drittel der Russen (64 Prozent) zufrieden „mit dem Umfang", in dem sie über die Politik des Präsidenten in den russischen Medien informiert werden. 24 Prozent fühlen sich nicht ausreichend informiert, immerhin 8 Prozent sind der Auffassung, sie hörten zu viel über den Präsidenten. Anders als mit der Quantität sind die meisten Russen mit der Qualität der Nachrichten jedoch unzufrieden. Mehr als die Hälfte der Befragten (56 Prozent) bemängelt den „zu protokollarischen, formellen Charakter der Berichte" über Putin in den Nachrichten. Jeder dritte Russe dagegen findet, dass die im Fernsehen ausgestrahlten Berichte eine ausreichende und ausgewogene Berichterstattung bieten. Groß ist die Skepsis bei den Befragten mit vergleichsweise höheren Einkommen und damit wohl auch höherer Bildung – hier sind 74 Prozent unzufrieden mit den Nachrichten.

Eine ganz andere Meinung hat der Berliner Russland-Experte Alexander Rahr. Er gibt den Vorwurf der falschen Berichterstattung an die deutschen Auslandskorrespondenten zurück. „Der Hintergrund, auf dem sich heute die deutsch-russischen Beziehungen abspielen, ist in der Tat leider katastrophal geworden. Katastrophal negativ, was die deutsche Berichterstattung über Russland angeht. Es werden Floskeln und Halbwahrheiten gebraucht", kritisiert Rahr die westlichen Medien: Sie stiegen „gar nicht dahinter, warum im Sender NTW das eine oder andere Programm geschlossen oder reduziert wurde. Sei es vielleicht weil die Zuschauerquoten wegbrechen oder weil es eine Programmreform gibt. Stattdessen wird hier auch wiederum die Keule eingesetzt, Putin trete die

Pressefreiheit in Russland mit Füßen." Der Programmdirektor der Gesellschaft für Auswärtige Politik in Berlin schreibt regelmäßig für die Welt und andere Zeitungen; bei wichtigen Ereignissen ist er der wohl gefragteste Russland-Experte in deutschen Nachrichtensendungen und Talkshows und damit ein entscheidender Meinungsmacher in Sachen Russland. Auch im russischen Fernsehen kommt er regelmäßig zu Wort.

Während Rahr die Medienpolitik des Kreml verteidigt, kursieren in Russland wie zu Sowjetzeiten wieder politische Witze: „Bush senior, Schröder und Bush junior fliegen im Jet über Moskau. `Hätte ich so willfährige Staatsanwälte und Richter gehabt, wäre Clinton nie ins Weiße Haus gekommen und säße bis heute im Knast´, klagt Bush senior. `Hätte ich so eine Wahlkommission gehabt, wäre ich mit 70 Prozent wiedergewählt worden und Merkel wäre an der Fünf-Prozent-Hürde gescheitert´, schluchzt Schröder. Darauf Bush junior wehmütig: `Hätte ich die Journalisten so im Griff gehabt wie Putin, würden heute alle glauben, dass der Irak-Krieg eine Erfolgsgeschichte ohnegleichen war.´"

Wenn viele westliche Politiker Kritik an Putin zurückweisen und sich dabei auf seine hohen Umfragewerte und seine Beliebtheit in Russland berufen, sei das angesichts der Medienmanipulation zynisch, sagt Andrej Piontkowski, Leiter des Moskauer Instituts für strategische Forschung: „Wenn die Fernsehsender drei Tage lang unabhängig, professionell und ausgewogen berichten würden und sich der Kremlchef Kritik und einer offenen, ehrlichen Fernsehdebatte stellen müsste, würde das System Putins zusammenfallen wie ein Kartenhaus", glaubt Piontkowski: „Dann würde den Menschen auffallen, dass der Kaiser gar nicht so viele Kleider anhat, wie seine Medien ihm nähen."

Meinungsfreiheit für PR

Von Horst Avenarius

Jeder hat das Recht, seine Meinung in Wort, Schrift und Bild frei zu äußern und zu verbreiten. So beginnt der berühmte Artikel 5 des Grundgesetzes, der das Recht der freien Meinungsäußerung in Deutschland begründet. Da im zweiten Satz dieses Artikels geschrieben steht: Die Pressefreiheit und die Freiheit der Berichterstattung durch Funk und Film werden gewährleistet, ist mancher Leser geneigt, die beiden Sätze sozusagen in einem Atemzug zu lesen. Dann bezöge sich das Recht auf freie Meinungsäußerung vor allem, ja nahezu ausschließlich auf Presse, Funk und Film bzw. auf deren Vertreter. Schon die Freiheit der Lehre, die im letzten Satz dieses Artikels 5 erwähnt wird, unterliegt einer leichten Einschränkung: Sie hat verfassungskonform zu sein.

Gelten für andere Teilnehmergruppen am öffentlichen Gespräch noch größere Einschränkungen? Oder kann sich auch PR auf das Recht der freien Meinungsäußerung berufen? Wer in dieser Berufsgruppe nur Auftragskommunikatoren im Windschatten eigennütziger Interessen sieht, mag das bezweifeln. Solcher PR gegenüber gilt Presse als uneigennützig und interessenneutral und scheint daher allein gegenüber Öffentlichkeiten „meinungsberechtigt" zu sein. Der Fall Benetton, der zur Jahrhundertwende die Gerichte beschäftigte, kann uns eines Besseren belehren. Er bleibt daher symptomatisch.

Am 12. Dezember 2000 wurde die bis dahin anrüchige, viel gescholtene und mehrfach gerichtlich verurteilte Benetton-Werbung vom Bundesverfassungsgericht rundweg freigesprochen. Das Urteil dieses Hohen Gerichts ließ alle anderen Gerichtshöfe und ihre Sprüche alt aussehen, alle Kläger, so die Zentrale zur Bekämpfung unlauteren Wettbewerbs und fast alle Gutachter mit ihren Stellungnahmen, darunter den Deutschen Werberat, den Deutschen Industrie- und Handelstag, die Deutsche Vereinigung für gewerblichen Rechtsschutz und Urheberrecht und die Arbeitsgemeinschaft der Verbraucherverbände. Sie alle hatten Benetton des ungehörigen Missbrauchs edler Anliegen angeklagt, „um für Pullover zu werben". So etwas gehöre verboten.

Die Verbände der PR-Leute waren für oder gegen solche „Pulloverwerbung" nicht in den Ring gestiegen. Aber der Fall betraf auch sie. Ihren Sittenwächtern musste es im Kern um die Frage gehen, ob sich die PR-Zunft aufrührerische Aussagen wie Benetton leisten darf oder ob auch sie durch die freiwillige Selbstkontrolle des Deutschen Rates für Public Relations davon abgehalten werden sollte. Diese Frage führt – wie im Falle der Werbung – direkt zur grundsätzlichen Auseinandersetzung über den Auftrag und die Verantwortung der PR.

Die allseits erheischte Transparenz

Über die Aufgaben, die einer PR- oder Pressestelle in einer Organisation obliegen, besteht weitgehend Einverständnis in der Zunft und unter den Auftraggebern. Welchen Nutzen die PR damit der Gesellschaft erbringt, ist allerdings ein offenes Feld, und damit auch die Frage, was sie alles zu verantworten hat. Der Nutzen der PR besteht offensichtlich zunächst in der Transparenz, die sie ermöglicht: Komplexe Sachverhalte sollen durch ihre Auskünfte verständlich werden, geheimnisumwitterte Zustände öffentlich und das Innenleben der Organisationen durchsichtig; nahezu „gläsern", wie es unter Finanzanalysten heißt.

In der Gewährleistung von Transparenz gegenüber Öffentlichkeiten liegt der Grundauftrag der Profession PR. Gesellschaftspolitisch ist darin ihre Verantwortung zusammengefasst. Wer stattdessen etwas zu verheimlichen trachtet, muss es rechtfertigen können, und sei es nur vor dem eigenen Gewissen. Dafür gibt es natürlich immer wieder gute Gründe: Betriebsgeheimnisse, vertrauliche Personalia, Privatvermögen, überhaupt die Privatsphäre der Menschen und ihrer Organisationen. Und etliche erlernbare Techniken machen es möglich, Diskretion zu wahren (auch wenn sie nur selten gelehrt werden).

Manche PR-Fachleute werden nur dafür angeheuert, um solchen Geheimhaltungen gegenüber einem neugierigen Publikum Respekt zu verschaffen. Aber das bleiben eher die Ausnahmen, und sie sollten vor allem dort nicht gelten, wo sie noch am liebsten angewandt werden: bei Krisen resp. Katastrophen und gegenüber der eigenen Vergangenheit. Gerade dann müssen sich Öffentlichkeiten auf die Auskünfte der PR verlassen können. Gerade dann wird von ihr Transparenz erheischt.

„Wir kümmern uns um mehr als Autos"

Einige Organisationen belassen es nicht bei dieser sozusagen kommunikativen Verantwortung. Sie nehmen sich auch solcher Probleme an, die über ihre geschäftliche Tätigkeit hinausreichen. Und da es sich hierbei vor allem um Privatfirmen handelt, konzentrieren wir uns jetzt auf diesen Sektor. (Nonprofit-

Organisationen haben ihren gemeinnützigen Charakter meist so stark internalisiert, dass sie sich gar nicht mehr darüber Rechenschaft geben, ob ihre Ziele nicht eventuell mit anderen, ebenfalls gemeinnützigen kollidieren.)

Auch in der Wirtschaft sind solche Aktivitäten nicht unumstritten. Profit-Organisationen, so sagte zum Beispiel Milton Friedman, haben nur eine einzige *basic task*: Den Profit. Erwirtschaften sie ihn, geht es ihnen selbst, aber auch dem Gemeinwesen gut. Darin liege also auch ihre gesellschaftspolitische Verantwortung.

Aber endet die Verantwortung einer Firma wirklich an der Kasse? Ist sie nur für den Absatz und die Verlässlichkeit und nicht auch für den rechten Gebrauch ihrer Ware verantwortlich? Geht es BMW nichts an, wenn BMW-Fahrer rasen? Und was geschieht mit den Wagen nach ihrer letzten Fahrt? Kann es den Automobilfirmen egal sein, ob weit hinter den Straßenrändern Autofriedhöfe wuchern? Alles dies war ihnen nicht egal, und dass sie im Recycling wie in den Appellen an die Vernunft der Autofahrer aktiv wurden, ist Ausdruck einer wohlverstandenen gesellschaftspolitischen Verantwortung. PR wirkte dabei als internes Frühwarnsystem, als interner Mit-Initiator und bei der Umsetzung mit.

Sollen sich Firmen aber auch um Belange kümmern, die über solche nächstgelegenen Einflussbereiche weit hinaus gehen? Gehen sie diese überhaupt etwas an? Woher nehmen sie die Kompetenz oder die Befugnis, sich ihrer anzunehmen? Und überheben sie sich dabei nicht? Grunig und Hunt warnen aus eher praktischen als moralischen Gründen: We believe organizations can identify consequences on publics (ihre Teilöffentlichkeiten) more easily than on society (die Gesellschaft als Ganzes).

Trotzdem: „Wir kümmern uns um mehr als Autos" proklamierte die Deutsche Shell AG 1995 in einer großen, doppelseitigen Anzeige. Auf dem vorausgehenden Seitenpaar hatte es geheißen: „Wir wollen etwas ändern." Dabei, so der Text, ginge es nicht um Geschäft und Produkte. „Es geht vor allem um Sie, um Ihre Kinder, Ihre Eltern, Ihre Stadt, Ihre Umwelt." Man wolle, so las man weiter, einen Beitrag zu etwas mehr Menschlichkeit, Rücksicht und Hilfe leisten.

Diese mehrfach publizierte, später gestoppte Geste bleibt bis in die Wortwahl beispielhaft für eine ins Allgemeine erweiterte Firmenverantwortung. Ihre Motive wurden offen gelegt: „Wir wollen nicht bestreiten, dass hinter dieser Aktion auch eigennützige Interessen stehen, die Kampagne somit zugleich Werbung für die Shell ist. Unser Ziel ist es jedoch, diese mit einem sinnvollen Beitrag für das Gemeinwesen zu verknüpfen." Das Unternehmen stand zum Zeitpunkt dieser PR-Aktion glänzend da. Das Debakel mit der Ölplattform Brent-Spar war noch nicht geschehen, ein Imageschaden also nicht abzuwenden. „Sätze sind das!"

Eher eigennützige Motive durfte man hingegen auf Anhieb der Deutschen Bank unterstellen, als sie im Herbst 1994 die Düsseldorfer „Gesellschaft für strategische Information und Kommunikationsmanagement" Abels & Grey beauftragte, in dreiseitigen Tageszeitungsanzeigen und in knappen Fernsehspots die bitteren Klagen des Theologen Hans Küng und anderer Weisen über die Zeitläufte zu verkünden. Küng zum Beispiel prangerte die heutige Jugend an, „eine zu allermeist egozentrische, konsumorientierte und im schlimmsten Fall gewalttätige und fremdenfeindliche Generation" zu sein.

„Sätze sind das!" überschrieb die SZ am 6.12.1994 einen Bericht über diese Aktion. Sie zitierte den Bankchef Hilmar Kopper, der solche Auftritte in einem internen Papier für „gewöhnungsbedürftig", aber auch für gerechtfertigt hielt. Die Schneider-Pleite und der Beinahe-Konkurs der Metallgesellschaft habe „zu gewissen Einseitigkeiten im öffentlichen Urteil über die Deutsche Bank geführt". Daher sollte jetzt über „das gelebte gesellschaftliche Engagement der Deutschen Bank" geredet werden.

Benutzte die Bank Sätze, so Benetton Bilder – „um Pullover zu verkaufen", wie es allenthalben hieß. Man belangte die Textilfirma daher, indessen man der Bank ihr Lamento über das Leid der Welt durchgehen ließ. Damit sind wir beim Fall und bei den Klagen und bei den Urteilen über Benetton.

H.I.V.- POSITIVE

Das Urteil des Bundesverfassungsgerichts (BVG) führte alle Klagen und Einwände gegen Benetton an. Es lohnt sich, sie im Lichte der beiden Beispiele Shell und Deutsche Bank zu lesen. Sittenwidrig sei es, im geschäftlichen Verkehr auf das Elend von Menschen und Tieren hinzuweisen und „ohne sachliche Veranlassung" Gefühle des Mitleids auszubeuten: einfach zu Wettbewerbszwecken. So hatte in vorletzter Instanz der Bundesgerichtshof geurteilt, und der war damit allen erst- und zweitinstanzlichen Zivilgerichten und allen Beschwerdeführern gefolgt. Sittenwidrig erschienen ihm offensichtlich die Anzeigen und Plakate, die eine ölverschmutzte Ente zeigten oder das blutverschmierte Hemd eines Bürgerkriegstoten auf dem Balkan, das gestrandete Schiff mit flüchtigen Levantinern, das noch nicht abgenabelte Baby, den in den Armen seines Vaters sterbenden Aidskranken und so fort.

Ein anderes Aids-Motiv verstoße darüber hinaus in grober Weise gegen die Menschenwürde, indem es den Aidskranken als „abgestempelt" (H.I.V. POSITIVE) und ausgegrenzt darstelle. Auch die Anzeige „Kinderarbeit" verletze die Menschenwürde und das Persönlichkeitsrecht der abgebildeten Kleinkinder. Es sei zu befürchten, dass immer schockierendere Werbung um sich greife und es zu einer unzumutbaren Belästigung der Öffentlichkeit komme. Der letzte Satz war signifikant: Die Öffentlichkeit werde belästigt. Das konnten die Kläger und Gutachter sogar belegen: Keine andere Werbung habe so viele Beschwerden ausgelöst wie die von Benetton. Gegen H.I.V. POSITIVE haben, wie der Deutsche Werberat vortrug, 289 Personen protestiert; das sei mit Abstand die höchste Zahl von Beschwerden, die den Werberat seit seiner Gründung 1972 erreicht hätten (Absatz 35 im Urteilsspruch des BVG).

Das, so folgerten die Kläger gegen Benetton, dürfe nicht sein. Sie formulierten einen hintersinnigen Satz, der eigentlich jede Werbung verbietet: Die Anzeigen stellten aufgrund ihrer psychischen Wirkungen Eingriffe in die Privatsphäre der Beworbenen dar. Die Adressaten der Werbung dürften „kraft ihres Selbstbestimmungs- und Verbraucherpersönlichkeitsrechts bei der Werbung für modische Kleidung mit den Scheußlichkeiten dieser Welt nicht behelligt werden", meinte auch die Deutsche Vereinigung für gewerblichen Rechtsschutz und Urheberrecht (Absatz 32). Noch grotesker hatte die Zentrale zur Bekämpfung unlauteren Wettbewerbs vor den Gerichtshöfen argumentiert: Die Bevölkerung habe ein Recht darauf, in Ruhe gelassen zu werden.

Das allerdings erschien dem Verfassungsgericht entschieden zu bieder: „Ein vom Elend der Welt unbeschwertes Gemüt des Bürgers ist kein Belang, zu dessen Schutz der Staat Grundrechtspositionen einschränken darf" (Absatz 56). Einen Satz von geradezu philosophischer Wucht nannte das Mitglied des Art Directors Club Deutschland Robert Kuhn in HORIZONT 1/2000 beifällig diese Formulierung. Man könnte es auch sehr viel drastischer eine Ohrfeige des Hohen Gerichts gegen die Kläger und die Vorinstanzen nennen. Fügen wir weitere hinzu, da auch wir eher lila Kühe als ölverschmutzte Enten für gewöhnungsbedürftige Bildmotive halten.

Die Ohrfeigen des Hohen Gerichts

„Kommerzielle Werbung mit Bildern, die mit suggestiver Kraft libidinöse Wünsche wecken, den Drang nach Freiheit und Ungebundenheit beschwören oder den Glanz gesellschaftlicher Prominenz verheißen, ist allgegenwärtig. Es mag zutreffen, dass der Verbraucher diesen Motiven gegenüber „abgehärtet" ist, wie der Kläger des Ausgangsverfahrens (die schon genannte Zentrale zur Bekämpfung unlauteren Wettbewerbs) vorträgt. Ein solcher Gewöhnungseffekt rechtfertigt es jedoch nicht, einem Appell an das bisher weniger strapazierte Gefühl des Mitleids belästigende Wirkungen zuzuschreiben" (Absatz 57).

Und wieso einige Anzeigen die Menschenwürde verletzten, erschien den Verfassungsrichtern nicht nachvollziehbar. Mit dem Foto des H.I.V.-infizierten Körpers könnte auch für einen Aidskongress geworben werden, schrieben sie. Dazu muss man sich erinnern, dass die Anzeige nur einen Rücken zeigt, keinen Kopf, keine ganze Gestalt.

Bleibt der Vorwurf der Kläger, dass sich Benetton mit Dingen befasse, die sie nichts angehen und dadurch gegen die gebotene Lauterkeit im Wettbewerb verstoße. „Letztlich aktiviert die Benetton-Werbung in einer den Wettbewerb verfälschenden Weise Emotionen, die mit der Leistung des Unternehmens nichts zu tun haben," klagte die Deutsche Vereinigung für gewerblichen Rechtsschutz und Urheberrecht (Absatz 32).

Dagegen urteilt das Bundesverfassungsgericht mit Sätzen, die sich gerade PR-Leute auf der Zunge zergehen lassen sollten: „Produktunabhängige Imagewerbung hat sich eingebürgert, ohne dass der Leistungswettbewerb darunter erkennbar gelitten hat" (Absatz 58). „Eine Thematisierung gesellschaftlicher Probleme in Werbeanzeigen ist zwar unüblich und kann durch den Zusammenhang mit dem Unternehmensgegenstand der Firma Benetton in der Tat befremdlich wirken. Doch wird dadurch auch für den unbefangenen Betrachter die Ernsthaftigkeit der Botschaft nicht in Frage gestellt. Wäre es anders, könnte sie bei diesem kein Mitleid hervorrufen" (Absatz 63). Auch die Deutsche Bank und die Deutsche Shell sind mit diesen Sätzen sozusagen „freigesprochen".

Letztendlich hob das Gericht nicht auf die Erforschung der Motive des Werbenden ab – ob er für Pullover oder gegen Aids eintreten wolle – sondern auf dessen Meinungsfreiheit. Zwar könne der Eindruck entstehen, dass es dem werbenden Unternehmen nicht um einen Beitrag zur Meinungsbildung, sondern nur darum ging, sich ins Gespräch zu bringen. Damit stelle man jedoch eine subjektive Beziehung des sich äußernden Unternehmens zum Inhalt seiner Aussage in Abrede. Eine solche Deutung sei nicht die einzig mögliche, ja nicht einmal besonders naheliegend (Absatz 42).

Hinter den Provokationen von Benetton mochte sich kaltes Kalkül verborgen haben, und wir könnten dazu wie viele Kommentatoren früherer Urteile manches zynische Wort aus dem Hause Benetton zitieren. Aber wer provoziert, muss dafür keine Gründe anführen. Er kann auch nicht gezwungen werden, Lösungen für aufgezeigte Probleme zu benennen. „Auch das (bloße) Anprangern eines Missstandes kann ein wesentlicher Beitrag zur freien geistigen Auseinandersetzung sein. Ob eine Äußerung weiterführend ist oder ob sie sich eines Lösungsvorschlags enthält, beeinflusst den Grundrechtsschutz aus Artikel 5 Abs. 1 Satz 1 GG grundsätzlich nicht" (Absatz 62). Jeder hat das Recht, seine Meinung in Wort, Schrift und Bild frei zu äußern und zu verbreiten.

Man darf sich einmischen

Was folgt daraus? Wenn wir auf den Ausgangspunkt unserer Überlegungen zurückkommen, darf es zu den Aufgaben privater Organisationen gehören, an gesellschaftspolitischen Auseinandersetzungen mit eigenen Meinungsbeiträgen teilzunehmen. Sie dürfen sich dazu auf das weite, unbegrenzte Feld der allgemeinen Menschheitsbelange wagen und kein Wettbewerber, kein Deutscher Rat und kein empfindsames Publikum kann sie davon abhalten. Auch der Schock und der Tabubruch können verantwortbar sein.

Die „Psychotricks mit der Provokation zahlen sich nicht aus", ließ der Deutsche Werberat nach der Urteilsverkündung wissen. Aber das mag auch daran liegen, dass das BVG den Fall an den Bundesgerichtshof zurückverwiesen hatte und dieser am 6. Dezember 2001 erneut das Verdikt aussprach, die HIV-Anzeige sei sittenwidrig. „Das Bundesverfassungsgericht indes," so schrieb die FAZ am 7. November 2002 in einer Nachbetrachtung zum Streit der beiden Gerichtshöfe und zu einer Berliner Tagung über diese Problematik, „scheint mit seiner ‚liberalen', manche meinen ‚libertären' Rechtssprechung zu diesem Rechtsgebiet an einem weit vorgeschobenen Punkt angelangt zu sein, den zu halten schwierig sein dürfte."

Wir befinden uns hier, wie die FAZ titelte, „an der Grenzen der guten Sitten." Und trotzdem sind wir gut beraten, darauf gelassen zu reagieren. Schocks sind häufig nur eine Sache der „Gewöhnung", wie Hilmar Kopper und später das BVG befanden. Sich nachdrücklich einzumischen, wie es von Privat-Leuten immer wieder erwartet wird, steht auch Privat-Organisationen zu. Natürlich wird von der *corporate citizenship* der Firmen nur dann gesprochen, wenn sie spenden oder sponsern und nicht, wenn sie poltern oder kritisieren. Doch auch das muss auszuhalten sein.

Ein Freispruch für ein schrankenloses Um-sich-schlagen ist das Gerichtsurteil des BVG dennoch nicht. Das Gericht hat selbst Grenzen gezogen: Gewichtige Belange des Gemeinwohls oder schutzwürdige Rechte und Interessen Dritter müssen auch bei Meinungsäußerungen beachtet werden (Absatz 53). „Werbeanzeigen, die einzelne Personen oder Personengruppen in einer die Menschenwürde verletzenden Weise ausgrenzen, verächtlich machen, verspotten oder sonst wie herabwürdigen, können daher grundsätzlich untersagt werden" (Absatz 66). Nur träfe das auf die dem Gericht vorgelegten Benetton-Anzeigen nicht zu.

Es träfe unseres Erachtens auch auf die in den USA erschienene beeindruckende Serie „Sentenced to death" mit den ihrer Hinrichtung entgegensehenden Insassen amerikanischer Gefängnisse nicht zu. Diese Oliviero Toscani-Fotos hatten mehr als alle anderen ihre Betrachter beunruhigt und zu leidenschaftlichen Kommentaren über die Todesstrafe geführt, aber zu keiner Klage von Konkurrenten, zu keinem Gerichtsprozess. Weder in den USA noch in Italien, Großbritannien, der Schweiz und Österreich kam es zu Prozessen.

Plakative, drastische Äußerungen genießen jetzt aber wohl auch in Deutschland den Schutz der Meinungsfreiheit. Das ist für die PR entscheidend. Nur wären PR-Leute gut beraten, in solchen Fällen ihre Intentionen so transparent zu machen, wie Shell es in ihrer Kampagne tat, selbst wenn das – wir lasen es – rechtlich nicht von Belang ist. Hätte Benetton seinen Plakat- und Anzeigenaktionen eine erläuternde Pressearbeit vorausgeschickt, wäre ihnen vermutlich mancher Ärger erspart geblieben. Transparenz gilt, wir sagten es eingangs, als oberstes Gebot der PR.

Die Gedanken sind frei – Kleine Geschichte der Pressefreiheit in Deutschland

Die Geschichte prägt die Gegenwart, sie prägt die Zukunft – sie ist allgegenwärtig

Von Gabriele Goderbauer-Marchner

Das Grundgesetz

Wer als Medienmensch das Wort von der Freiheit in seinem eigenen Wirkungskreis spricht, meint die Meinungsfreiheit, er meint die Informationsfreiheit, er meint die Pressefreiheit. All dies ist in unserem Grundgesetz in Artikel 5 verankert, und darüber hinaus noch die Freiheit der Kunst und Wissenschaften. Das Grundgesetz, ein Provisorium, 1949 in Kraft getreten mit der Präambel für das ganze deutsche Volk, mit einem Namen, der bis heute Kraft hat und international eine in höchsten Tönen gelobte Verfassung darstellt. In diesem unseren Verfassungswerk finden wir – bleiben wir bei dem verkürzten Begriff – die Pressefreiheit. Pressefreiheit, das bedeutet das Recht, seine Meinung frei zu äußern und zu verbreiten und sich entsprechend ungehindert zu informieren.

Das Grundgesetz ist ein phantastisches Gebilde, das – nicht nur von mir – bis heute bewundert wird. Welche Verfassung hat in dieser Prägnanz, in dieser Formulierungskunst so präzise und treffend die Demokratie in sich verankert? Und das, obgleich das Grundgesetz der Bundesrepublik Deutschland wegen der Teilung Deutschlands als vorübergehendes Hilfskonstrukt angelegt war.

Nach dem Zusammenbruch des Nazi-Terrors wirkten die Alliierten in Deutschland, und sie hatten ganz klar die enorme Einflussnahme der Medien, der Zeitungen, des Films, des Radios, der gesamten Propaganda der Nazis auf die Bevölkerung erkannt. Daher zählte die Veränderung im Bereich der Medienpolitik und der Medienstruktur zu einer der zentralen Aufgaben im Deutschland nach 1945 und vor 1949. Es war die Phase der Lizenzzeit[41] in allen Zonen Deutschlands. Es war die Phase der Kontrolle der deutschen Medien und Me-

---

[41] Stöber, Rudolf (2005): Deutsche Pressegeschichte. 2. Auflage. Konstanz. S. 153

dienmacher, in den westlichen Zonen mit einem raschen Übergang in die Eigenverantwortlichkeit, in der sog. Ostzone für die gesamte Dauer der 1949 gegründeten DDR als Systemstabilisator des totalitären Staates.

Eine Geschichte der Verbote

Das Grundgesetz vor Augen, ist doch deutlich, dass es eine Pressefreiheit in Deutschland bereits vor 1949 gab. Die Geschichte dieser Entwicklung ist lang. Auf einige Eckpfeiler will ich eingehen, manches – der Zeit geschuldet – nur anreißen, auf jeden Fall zum Nachdenken animieren.

Und lassen Sie mich auch sagen: Die Geschichte der Pressefreiheit ist eigentlich im Kern eine Geschichte der Presseunterdrückung, der Presseverbote, der Zensur – und der Demokratisierung.

Was ist eigentlich Zensur? Sie bedeutet, dass eine staatliche Stelle vor der Veröffentlichung genehmigen muss, was publiziert wird – und das bedeutet, dass die Presse abhängig ist vom Staat, und damit nicht mehr frei. Und wir verstehen heute unter dem Zensurverbot in unserem Grundgesetz eben dieses Vorzensur-Verbot – denn eine Nachzensur im Sinne einer Nachkontrolle, ob beispielsweise strafrechtliche Belange, Persönlichkeitsrechtverletzungen etc. vorliegen, ist demokratisch gerechtfertigt.[42]

Wer von Zensur spricht, wer das Zensurverbot nach Art. 5 GG bedenkt, der hat die Vorzensur als inhaltliche Prüfung durch eine Behörde oder andere staatliche Einrichtungen im Blickwinkel. „Zensur ist Vorzensur",[43] und diese vor Publikation durchgeführte Prüfung des Inhalts – sei es nun in den Print-, Film-, Fernseh-, Radio- oder online-Medien, entspricht nicht demokratischen Vorstellungen.[44]

Hermann Meyn bringt die Geschichte der Pressefreiheit auf den Punkt: Pressefreiheit wurde im 18. Jahrhundert erkämpft, im 19. Jahrhundert teils geduldet, im 20. Jahrhundert zunächst beseitigt und dann versucht zu sichern. Wer wissen will, wie es um die politische Freiheit in einem Land bestellt ist, möge

---

[42] Fricke, Ernst (1997): Recht für Journalisten. Grundbegriffe und Fallbeispiele. 1. Auflage. Konstanz. S. 21
[43] Bamberger, Heinz Georg (1986): Einführung in das Medienrecht. Darmsadt. S.83
[44] Bamberger, Heinz Georg: S.83. Hierzu ausführlich die Stellungnahmen zur Nachzensur, wobei auf die daraus begründete Zulässigkeit der privaten Initiativen, z.B. freiwilliger Selbstkontrollgremien wie der FSK (Freiwillige Selbstkontrolle der Filmwirtschaft) oder FSF (Freiwillige Selbstkontrolle Fernsehen) et. al., verwiesen sei.

sich die Pressefreiheit anschauen.[45] Nach wie vor interessant ist der medienethische Ansatz von Hermann Boventer. Er sieht den Kontext von Pressefreiheit mit der angeborenen Freiheit und Würde des Menschen, mit dem Anspruch eines jeden Menschen darauf, er betont die Verbundenheit der Pressefreiheit mit Vernunft, Sittlichkeit.[46]

Der Beginn der Pressefreiheit: Preßverein und Hambacher Fest 1832

Es gibt Zahlen, die markieren in unserer deutschen Geschichtsschreibung den Beginn der Pressefreiheit. Das Jahr 1832 soll hier fixiert werden.
Schon im Januar des Jahres 1832 gründete sich in Zweibrücken der erste sogenannte „Deutsche Vaterlandsverein zur Unterstützung der freien Presse", kurz Vaterlands- und Preßverein" bezeichnet – mit einem „sz" bzw. „ß" geschrieben, denn es ging um das Pressen in der Druckbranche damals und ganz explizit um die journalistische Arbeit, um die Inhalte, die zu drucken, also zu pressen waren.
Im Mai desselben Jahres fand das „Hambacher Fest" statt. Der Münchner Historiker Prof. Dr. Thomas Nipperdey, viel zu früh 1992 gestorben, schrieb in seinem Standardwerk über die „Deutsche Geschichte 1800 - 1866" – und ich hatte die Ehre, als Student Nipperdeys Vorlesungen lauschen zu dürfen – , dass dieses Hambacher Fest und weitere demokratische Bewegungen erst gerade durch diesen Vaterlands- und Preßverein realisiert werden konnten.

Was war geschehen? Wer engagierte sich in diesem Preßverein? Eine für die damalige Zeit – und für heute – ungeheuerliche Zahl von Bürgern schrieb sich in diesem Preßverein ein. Die Mitglieder waren aus dem bürgerlichen Lager. Es waren in weiten Teilen Handwerker, aber auch kleine Handels- und Kaufleute. 55.000 Personen schrieben sich ein – eine riesige Zahl, die zusammenhielt, die Freiheit der Presse einzufordern in einem Staatensystem, wo sich Deutschland in einer Fülle von Einzelstaaten zeigte.

Der Pressverein war ergo wie eine außerparlamentarische Opposition, konstatiert Nipperdey. Diese war länderübergreifend. Und sie war nachhaltig wirksam. In diesem Verein befanden sich Journalisten – selbstverständlich sie –, aber auch Anwälte, Handwerksmeister und Handelsleute, Drucker und Buchhändler, Gastwirte.

---

[45] Meyn, Hermann (1993): Massenmedien in der Bundesrepublik Deutschland. Alte und neue Bundesländer. Berlin. S. 13
[46] Boventer, Hermann (1989): Pressefreiheit ist nicht grenzenlos. Einführung in die Medienethik. Bonn. S. 37

Einige Blicke zurück

Wiener Kongress 1815 und Restauration

Diesem demokratischen Aufbegehren war eine lange Zeit der Restauration vorangegangen. Der Wiener Kongress 1815 war ja nicht, wie man eines Filmes wegen glauben möchte, einer, der fröhlich tanzte, sondern dort wurde einerseits der Deutsche Bund als eine „lockere Förderation der deutschen Staaten"[47] formiert, andererseits aber auch jegliches Ansinnen nach liberaleren Tendenzen einfach unterdrückt. Und das, obgleich in der Deutschen Bundesakte von 1815 die Pressefreiheit ausdrücklich genannt wurde, um, wie es hieß, die Sicherstellung der Rechte der Schriftsteller und Verleger zu verfügen.

Wir erinnern uns: Nach dem Pressegesetz von Napoleon in Deutschland, das am 5. Februar 1810 in Kraft trat und den Begriff der Zensur beinhaltete, hatte Österreich am 14. September des gleichen Jahres 1810 ein Pressegesetz erlassen, das gewisse Freiheiten ankündigte – ein österreichischer listiger Schachzug, der einen österreichischen Liberalismus vorgaukelte, den es gar nicht gab, der aber so tat, als wäre das Pressegesetz der Österreicher, also Metternichs, der zu der Zeit Minister des Auswärtigen war, sehr viel besser als die Pressgesetzgebung Napoleons. Doch die Taktik war eindeutig, den Begriff Pressefreiheit nicht als bürgerliches Ansinnen, sondern für den Staat zu nutzen, um dem Staat die Chance, ja die Macht zu geben, damit unliebsame Publikationen zu unterdrücken, also wahre Zensur auszuüben.[48]

Karlsbader Beschlüsse und Preßgesetz 1819

Vier Jahre später, 1819, erwirkte der erzkonservative Staatsmann Metternich durch eine clevere Argumentation, indem er durch das Phänomen von Turnerschaft und Burschenschaften eine Revolution vermutete, dass alle deutschen

---

[47] Rürup, Reinhard (1984): Deutschland im 19. Jahrhundert. 1815-1871 (= Joachim Leuschner (Hrsg.): Deutsche Geschichte. Bd. 8). Göttingen. S. 127; Siehe hierzu auch: Lutz, Heinrich (1985): Zwischen Habsburg und Preußen. Deutschland 1815-1866 (= Die Deutschen und ihre Nation. Neuere deutsche Geschichte in 6 Bd., Bd.2). Berlin: S. 37 – 38; Büssem, Eberhard (1974): Die Karlsbader Beschlüsse von 1819. Die endgültige Stabilisierung der restaurativen Politik im Deutschen Bund nach dem Wiener Kongress 1814/1815 (= Diss. München 1972). Hildesheim. S. 466

[48] Schneider, Frank (1966): Pressefreiheit und politische Öffentlichkeit. Studien zur politischen Geschichte Deutschlands bis 1848 (= Politica. Abhandlungen und Texte zur politischen Wissenschaft, hrsg. v. Hennis, Wilhelm/Maier, Hans, Bd. 24), Neuwied am Rhein/Berlin. S. 182 und 215-216

Regierungen bei den Karlsbader Beschlüssen 1819, einen „unheimlichen Modernisierungs- und Liberalisierungsprozess" stark einschränkten.[49]

Die Absicht der Karlsbader Beschlüsse war die Verhinderung der zunehmenden Liberalisierungstendenzen, und gemessen an diesem Prinzip können sie als „eine geglückte Aktion"[50] bezeichnet werden. Metternich „impfte" mit Hilfe seines eloquenten Helfers Friedrich von Gentz den Staaten die Revolutionsfurcht ein, so dass er seine Ziele realisieren konnte.[51] Für eine begrenzte Zeit besaß die Politik der Unterdrückung und Verfolgung gegen eine politische Opposition durchaus Erfolg.[52]

Welch völlig konträre Einstellung zur Presse und zur Pressefreiheit von Gentz besaß, welch tiefe Ablehnung er gegenüber der englischen Denkweise und Position gegenüber Presse und Pressefreiheit einnahm, verdeutlicht er selbst in einer umfangreichen Abhandlung, wo er formuliert: „Der Versuch, die Preßfreiheit in engre gesetzliche Schranken zurück zu führen, oder auch in der gerichtlichen Procedur gegen Preßvergehungen eine wesentliche Abänderung vorzunehmen, ist in England unausführbar geworden...Wenn die Parthei, welche für die Volksrechte streitet, ihr wahres Interesse immer vor Augen hätte, so sollte sie selbst ihren ganzen Einfluß aufbieten, um dem Uebermaß der Pressfreiheit vorzubeugen. Daß diese Partei in England gerade das Gegentheil thut, beweis't nur, daß die Presse von keiner Seite durch Berechnungen der Staatsklugheit, sondern durch Selbstsucht und Leidenschaften regiert wird."[53]

Die Karlsbader Beschlüsse charakterisieren sich als die „größte Polizeiaktion der Metternichschen Ära"[54].

Deutschland fiel in seiner Entwicklung im Vergleich zu den anderen Ländern Europas entscheidend zurück. Man spricht vom deutschen Sonderweg gerade hinsichtlich der Verfassungsgeschichte. Letztlich zerbrach der Deutsche Bund, der „plötzlich mit revolutionärem Ungestüm politische Rechte an sich"[55] riss und die Länderhoheiten negierte, deshalb, weil er die erwachende nationale

---

[49] Lutz, Heinrich (1985): S. 56; Siehe hierzu auch: Schaumann, S. 230; Böckenförde, S.15
[50] Schneider, Franz (1966): S. 273
[51] Eckhardt, Hans von (Hrsg.) (1921): Friedrich von Gentz. Staatschriften und Briefe. In: 1. Bd.: Friedrich von Gentz in der Zeit deutscher Not 1799-1813. München
[52] Rürup, Reinhard (1984): S. 140
[53] Gentz, Friedrich von (1986): Die Pressfreiheit in England (1818). In: Wilke, Jürgen (Hrsg.): Pressefreiheit. Darmstadt. S. 191 – 192
[54] Schneider, Franz (1966): S. 243
[55] Treitschke, Heinrich von (1981): Deutsche Geschichte im Neunzehnten Jahrhundert. Zweiter Teil: Bis zu den Karlsbader Beschlüssen (= Neuausgabe des in den Jahren 1879 bis 1894 in Leipzig erschienenen Werks, nach der Ausgabe 1912/1913; Zweiter Teil = Nachdruck der 7. Auflage. 1912). Königstein/Ts. S. 568

Einheitsbewegung nicht erkannt, ablehnte und nicht zufrieden stellen wollte – und konnte.

Die Gedanken sind frei. Die Freiheit des gesprochenen Wortes stand bereits im Mittelpunkt der griechischen Polis; und schon etliche Jahrhunderte vor Christi Geburt wurden die größten Rhetoriker ihres Landes verwiesen, da ihr freies Wort von Machthabern ungeliebt war.

Die Gedanken sind frei – so dachten im so genannten Vormärz, in der Zeit nach dem Wiener Kongress und den Unruhen 1832 – die Bürger, die die reaktionäre Metternichsche Politik ablehnten, freilich, in den vielen deutschen Staaten mit sehr unterschiedlicher Ausprägung. Am homogensten noch war die Jugend, die – in Turnbünden, in Burschenschaften – eine nationale Einheit forderte, die als gemeinsames Ziel bürgerliche Freiheit und nationale Einheit in einem Atemzug nannte.[56]

Und das Wartburgfest 1817 war eine dieser Reaktionen von Studenten und Professoren, naiv und teils romantisch sowie dümmlich unüberlegt, von Metternich aber nicht als Dumme-Jungen-Streich, sondern als „revolutionäre Haupt- und Staatsaktion" aufgewertet. Als dann der Student Sand den Dichter Kotzebue 1819 ermordete, war dies für Metternich – und die Politiker bei den Karlsbader Konferenzen ein willkommener Anlass, Burschenschaften an den Universitäten zu verbieten. Begründet wurde das strikte Verbot, da ihnen „die schlechterdings unzulässige Voraussetzung einer fortdauernden Gemeinschaft und Correspondenz zwischen den verschiedenen Universitäten zum Grunde liegt."[57] Wohlverhalten war angebracht, wollte ein Student den Universitätsort wechseln. Denn wer von einer Universität verwiesen worden sei, dürfe auf einer anderen Universität nicht mehr zugelassen werden.[58]

Ebenso wie die akademische Freiheit war den Reaktionären um Metternich die Pressefreiheit suspekt. Den Absichten der Regierungen kamen nun die „Provisorischen Bestimmungen hinsichtlich der Freiheit der Presse" entgegen. Auch das Preßgesetz war nicht provisorisch, sondern galt bis 1848.[59]

Abgesehen von wenigen Ausnahmen, führte das Gesetz nun wieder für das Buch- und Zeitschriftenwesen die Vorzensur ein. Alle Werke unter zwanzig

---

[56] Lutz, Heinrich (1985): S. 40; Nipperdey, Thomas (1983): Deutsche Geschichte 1800-1866. Bürgerwelt und starker Staat. München: S. 279; Bartmuss, S. 163; Rürup, Reinhard (1984): S. 139
[57] Huber, Ernst Rudolf (Hrsg.) (1961-1966): Dokumente zur Deutschen Verfassungsgeschichte. 3 Bde. Stuttgart. S. 90
[58] Huber, Ernst Rudolf (Hrsg) (1961.1966): S. 91
[59] Schneider, Franz (1966): S. 253; Niperdey, Thomas (1983): S. 283; Büssem, Eberhard (1974): S. 311 – 334; Huber, Ernst Rudolf (1957-1981): Deutsche Verfassungsgeschichte seit 1789. 6 Bde. Stuttgart. S.742 – 745

Bogen sowie alle Periodika fielen unter diese Restriktion.[60] Der Terminus Zensur aber wurde bewusst vermieden. „Vorwissen und vorgängige Genehmhaltung der Landesbehörden" seien vor einem Druck nötig, hieß es.[61]
Dieses Gesetz umfasst insgesamt zehn Paragraphen. Minutiös werden die einzelnen Strafandrohungen zum Ausdruck gebracht, und es ist ein Wunder, dass nach 1819 überhaupt noch etwas publiziert werden konnte. Die Zensur konnte zum einen das Herkunftsland des Druckverlages oder Autors handhaben, ferner das Nachbarland, falls es sich zur Beschwerde veranlasst fühlte, zum anderen der Bundestag auf Vorschlag und Vorarbeit der Pressekommission. Ein in Misskredit geratener Redakteur konnte für fünf Jahre „außer Gefecht gesetzt" werden – ein Berufsverbot äußerster Härte.[62]

Das Pressegesetz griff absolut intensiv in die Hoheit der Regierungen ein. Gerechtfertigt wurde das mögliche Kontrollrecht des Bundestages mit „der Würde des Bundes, der Sicherheit einzelner Bundesstaaten oder der Erhaltung des Friedens und der Ruhe in Deutschland."[63]

In der Tat, die Pressefreiheit ist als Begriff ein wichtiges Schlagwort im deutschen Vormärz, wie mein Doktorvater, Prof. Dr. Dr. Franz Schneider, Jurist und Politologe, formulierte.[64]

Vor allem rief der Begriff der Pressefreiheit emotionale Assoziationen hervor. Freiheit, das verbindet jeder Mensch mit etwas Gutem, mit etwas, was einem zusteht zu verlangen – für die Bürger am Anfang des 19. Jahrhunderts gleichbedeutend mit Glückseligkeit.[65]

Und schon in dieser Zeit war das Wort Zensur so negativ besetzt, dass es den Helfern Metternichs bei der Formulierung ihrer Gesetze und Regeln nicht über die Lippen kam. Interessant ist auch, dass – während das Volk über die Zensoren spottete und deren unsinniges Tun kritisierte – zum Beispiel am preußischen Hof das Wort „Preßfrechheit" geprägt wurde.[66]

Denn schon Friedrich Wilhelm II von Preußen sagte 1788, dass die Preßfreiheit in Preßfrechheit ausarte.[67]

---

[60] Huber, Ernst Rudolf (Hrsg.) (1961-1966): S.91
[61] Huber, Ernst Rudolf (Hrsg.) (1961-1966): S.92
[62] Huber, Ernst Rudolf (Hrsg.) (1961-1966): S.92 – 93.; Huber, Ernst Rudolf (1957-1981): S. 744; Schneider, Franz (1966): S. 253
[63] Huber, Ernst Rudolf (Hrsg.) (1961-1966): S.92; Treitschke, Heinrich von (1981): S. 563; Schneider, Franz (1966): S. 254; Huber, Ernst Rudolf (1957-1981): S. 744
[64] Schneider, Franz (1966): S. 104
[65] Schneider, Franz (1966): S. 104
[66] Schneider, Franz (1966): S. 105
[67] Schneider, Franz (1966): S. 105

Aufkeimender Liberalismus

Der brave Biedermann Deutschlands sollte abgeschreckt werden, die Pressefreiheit für gut und richtig und den Bürgern zustehend anzuschauen.

Trotz all dieser Metternichschen reaktionären Bemühungen: Fakt ist: Die erste Hälfte des 19. Jahrhunderts ist gekennzeichnet durch das Entstehen der Bewegung des Liberalismus. Obwohl es auf der politischen Bühne gelang, liberale Tendenzen mehr als drei Jahrzehnte abzuwürgen, konnte dennoch das „erwachte politische Freiheitsbedürfnis (Liberalismus)"[68] nicht im Keime erstickt werden. Metternich hatte die Entwicklung klar erkannt; eine Verhinderung war langfristig nicht mehr möglich. Im Gegenteil, die rücksichtslose Unterdrückung der Meinungsfreiheit und des Wunsches nach Verfassung mit einer Beteiligung des Bürgers stärkte auf Dauer den „immer mehr wachsenden Befreiungstrieb", den Liberalismus.[69]

Spätmittelalter und Frühneuzeit

Der Vollständigkeit halber darf und möchte ich nicht versäumen, an dieser Stelle zu betonen, dass die Geschichte der Zensur – und das ist ja nichts anderes als – positiver ausgedrückt – die Geschichte der Pressefreiheit, bereits prägend im Mittelalter und vor allem an der Schwelle vom Mittelalter zur Neuzeit ein Charakteristikum ist. 1486 existierte eine effiziente Zensurkommission, päpstliche Bullen und diverse Reichstage und kaiserliche Edikte am Ende des 15. und im 16. Jahrhundert verdeutlichen, dass, nachdem die Erfindung beweglicher Lettern durch Gutenberg den Massendruck ermöglichte, die Herrschenden in Staat und Kirche[70] ihre Macht und ihre Privilegien nicht einer breiten Kommunikationsöffentlichkeit opfern wollten.

Machtmittel der Kirche war die Festschreibung bestimmter Publikationen auf den so genannten Index, wo bis ins 20. Jahrhundert verbotene Schriften vermerkt waren, doch es gelang nie, Werke komplett „aus dem Verkehr zu ziehen"; Machtinstrument war bereits vor der Indizierung als Mittel der Nach-

---

[68] Schneider, Franz (1966): S. 244
[69] Botzenhart, S. 144; Zechlin, S. 58.
[70] Deussen, Giso (1996): Ohne Wahrheit keine Freiheit. Wahrheitserkenntnis und publizistische Medien in der katholischen Soziallehre. In: Wunden, Wolfgang (Hrsg.) (1996): Wahrheit als Medienqualität (= Beiträge zur Medienethik, Bd. 3). Frankfurt/Main: S. 63 – 72

zensur die so genannte Inquisition, die die Meinungshoheit der Kirche durchdrückte.

Es kann durchaus konstatiert werden, dass die Erfindung von Johann Gensfleisch in der Akzeleration der Pressefreiheit als ein Meilenstein angesehen werden muss. Dabei waren die Druckgenehmigung oder Drucklizenz von enormer Bedeutung für die Verwirklichung von Pressefreiheit – im 15. und 16. Jahrhundert übrigens wie später dann auch in der DDR, wo Lizenzen über Druckgenehmigungsverfahren ausgereicht wurden.

Rudolf Stöber geht ausführlich auf die Phase des 15. bis 18. Jahrhunderts ein und analysiert die kirchlichen Bestimmungen, die Rechtsgrundlagen der kaiserlichen Aufsicht, die kaiserlichen Institutionen, die Zensurbestimmungen und -praxis des Landesrechts, das Gewerbe- und Pressordnungsrecht.[71]

Die öffentliche Meinung im 18. Jahrhundert

Lassen Sie uns in der Geschichte der Neuzeit noch ein Stückchen weiter zurückgehen. Schon im 18. Jahrhundert war das Wort der Pressefreiheit virulent präsent, und zwar im Begriff der öffentlichen Meinung. Dabei ist zu konstatieren, dass Freiheitsrechte der Bürger erst mit den Einwirkungen der Französischen Revolution in die Gedankenwelt und die Reflektionen der deutschen Politik eingetreten sind.[72]

„Öffentliche Meinung" als Begriff für die vorherrschende Meinung innerhalb einer bestimmten Gruppe oder generell innerhalb der Bevölkerung und „Öffentlichkeit" als Begriff, der seit dem 18. Jahrhundert synonym für Publizität stand, avancierten mit und nach der Französischen Revolution, während der deutschen Befreiungskriege und – trotz drastischer Zensurmaßnahmen und Restauration in Deutschland – nach 1815 zu politischen Schlagwörtern."[73] In der historischen Entwicklung erfuhr der Begriff der öffentlichen Meinung eine eklatante Wandlung.

---

[71] Stöber, Rudolf (2005): S. 101 – 117; Strassner, Stefan (2004): Was Journalisten beachten müssen: Rechtliche Aspekte. Von der Pressezensur zur Medienfreiheit. In: Goderbauer-Marchner, Gabriele/Blümlein, Christian (Hrsg): Karriereziel Journalismus. Nürnberg. S. 139 – 140
[72] Scheuner, Ulrich (1981): Die rechtliche Tragweite der Grundrechte in der deutschen Verfassungsentwicklung des 19. Jahrhunderts. In: Böckenförde, Ernst-Wolfgang (Hrsg. unter Mitarbeit von Wahl, Rainer): Moderne deutsche Verfassungsgeschichte (1815-1914), 2. veränderte Auflage. Königstein/Ts. S. 319
[73] Goderbauer. Gabriele (1989): Theoretiker des deutschen Vormärz als Vordenker moderner Volksvertretungen (= tuduv-Studien, Reihe Politikwissenschaften Bd. 35). München. S. 276 – 277

Bis zum 18. Jahrhundert und in den restauratorischen Köpfen der Zeit danach verstand man unter dem Terminus des Öffentlichen eine Angelegenheit des Staates. Es war der Staat, der beispielsweise im aufgeklärten Absolutismus die (Zwangs-)Beglückung seiner Bürger als Aufgabe sah. Es war der Staat, der sich des Gemeinwohls anzunehmen hatte. Und es war der Staat, der sich der Öffentlichkeit als der Allgemeinheit annahm. Da passte es nicht in das Bild, wenn die Presse glaubte, öffentliche Interessen wahrnehmen zu wollen. Und es passte nicht in das Bild, wenn die Presse laut im Sinne von Publikation darüber räsonierte, was dem Volk, dem Bürger an Informationen zuzukommen sei. Die Vorstellung war, dass der Staat dies alles leistete, und die Presse wurde viele Jahrhunderte hindurch fast nur vom Staat mit behördlichen Informationen „gefüttert".[74]

Viele Schriftsteller, Dichter und Denker verknüpften das Bemühen um Öffentlichkeit, das Bemühen um mehr Demokratie und damit um mehr Pressefreiheit mit der Diskussion um einen besseren Staat, und ich will pars pro toto an dieser Stelle einzig den 1768 in Sugenheim bei Neustadt an der Aisch geborenen Johann Andreas Georg Friedrich Rebmann benennen, der – als Übersetzer der Schriften Robespierres während der Französischen Revolution – als deutscher Jakobiner galt, ständig verfolgt wurde, Unmengen publizierte und sich ein Leben lang engagierte für die Freiheit der Presse.[75]

Vorreiter England im 17. Jahrhundert

Was auf dem Kontinent, in Frankreich oder in Deutschland, allmählich wuchs, war in England schon viel weiter gediehen. Schon 1644 hielt John Milton eine viel beachtete Rede, und er überschrieb dies mit „Areopagitica. Eine Rede für die Preßfreiheit an das Parlament von England".[76] England – der Wegbereiter der Pressefreiheit in Europa: Dort wurde bereits 1695 – im Nachgang an die „Glorious Revolution" von 1688/1689 und die Stärkung der Macht des Parlaments gegenüber dem Königtum – die staatliche Vorzensur aufgehoben. Zwar wurde die Nachzensur weiter durchgeführt, zwar war dort Ende des 17. Jahrhunderts

---

[74] Bamberger, Heinz Georg (1986): S. 88 – 89
[75] Rebmann, Georg Friedrich (1988): Ideen über Revolutionen in Deutschland. Politische Publizistik. Hrsg. von Greiling, Werner. Leipzig
[76] Milton, John (1986): Areopagitica. Eine Rede für die Freiheit der Presse. In: Wilke, Jürgen (Hrsg.): Pressefreiheit. Darmstadt. S. 57 – 113

keine komplette Pressefreiheit gegeben, doch im Vergleich zum Kontinent war die freie Meinungsäußerung sehr viel mehr möglich, sehr viel mehr akzeptiert.[77] Freilich auch mit wechselnden Erfolgen, denn auch in England wurde Anfang des 19. Jahrhunderts die Pressefreiheit wieder vom König eingeschränkt.[78]

Einfluss Frankreichs

Blicken wir kurz zum Nachbarn Frankreich, das das pressefreiheitliche Denken in Deutschland so sehr beeinflusst hatte: Das Ancien Régime in Frankreich hatte bis 1789 die Zensur strikt angewandt. Mit der Französischen Revolution 1789 beschloss dann die Französische Nationalversammlung die Pressefreiheit – eine Revolution für sich. Denn nun hatte die Politik ein Ventil, ein Sprachrohr in den Zeitungen und Zeitschriften, und viele Revolutionäre waren publizierende Journalisten, Literaten, Autoren – bis die Jakobiner Robespierres vier Jahre später wieder „zur Vermeidung von Irrungen" die Zensur als Instrumentarium ihres Machterhalts und der Machtsicherung einführten![79]

Nichtleser werden zu Lesern

Zu einer „kleinen Geschichte der Pressefreiheit" gehört, darüber nachzudenken, cui bono, wem die Pressefreiheit nutzt. Natürlich, den Bürgern, werden Sie sagen. Ja, aber es ist festzuhalten, dass bis weit in das 19. Jahrhundert hinein dieser Nutzen nur denen nützlich war, die die Presse nutzen konnten – sprich, wer lesen konnte, war Profiteur der Presse, der Publikationen, der veröffentlichten Meinung.

Fakt ist, dass das 19. Jahrhundert aus einem Volk vieler Nichtleser ein Volk von Lesern macht. War das Verhältnis von Nicht-Lesern zu potentiellen Lesern um 1800 etwa 3:1, so hat sich dieses Verhältnis nach Studien Thomas Nipperdeys um 1870 glatt umgekehrt.[80]

Nipperdey spricht zu Recht von einer „Leserevolution". Das Schulwesen greift, aus Analphabeten werden Alphabeten, und es ändert sich auch die Qualität des Lesestoffes. Die bürgerliche Aufklärung bewirkt eine enorme Steigerung

---

[77] Elze, Reinhard/Repgen, Konrad (Hrsg) (1983): Studienbuch Geschichte. Europäische Weltgeschichte in einem Band. 2. überarb. Auflage. S. 480
[78] Elze, Reinhard/Repgen, Konrad (Hrsg) (1983): S. 598
[79] Elze, Reinhard/Repgen, Konrad (Hrsg) (1983): S. 572
[80] Nipperdey, Thomas (1983): S. 587 – 591

der Buchproduktion, es entstehen Leihbibliotheken, es entstehen immer neue Zeitungen für die Massen von Lesern, die Presse selbst ist es, die Themen besetzt, die Meinung macht – und damit dem Staat und dessen Repräsentanten den Rang im – heute würde man sagen – Agenda Setting abläuft.

Die Gedanken sind frei, und trotz aller Bemühungen der Regierungen, diese neue veröffentlichte Macht zu reglementieren, zu unterdrücken, zu kontrollieren – es gelang mittelfristig nicht, die freie Presse zu verbieten.

Denn auch die Presse wandelte sich, entwickelte sich, wurde immer mehr ein Instrument der Demokratie und derer, die die Demokratie einforderten.

Zu Anfang war dies ja nicht der Fall. Noch in der Zeit Napoleons hingen die Zeitungen eng am Hof, ob nun an Paris, an Wien, an Berlin, kurz, an den Regierungen. Da war nichts Kritisches zu lesen, da war alles für die Machthabenden passend publiziert. Erst während der Freiheitskriege wurde die Presse liberal, die Zeitungen unabhängig von den Regierungen.

Die von Metternich und anderen gepuschte Zensur wurde aber nicht überall, das ist festzuhalten, gleich streng gehandhabt. Es gab große Unterschiede zwischen den deutschen Staaten. Was in dem einen Land verboten war, wurde in dem anderen ohne Probleme publiziert. Und so mancher Schriftsteller ging daher weg von seiner Heimat in ein „pressefreieres" Land. Man muss, aus heutiger Sicht sehr interessant, ebenfalls feststellen, dass sich die politischen Parteien rund um die Presse gruppiert und damit etabliert haben – nicht umgekehrt.[81]

Festzuhalten bleibt, dass nach 1815 der Umgang mit der Presse in den einzelnen Ländern nicht einheitlich war. Während Preußen und Österreich für Schärfe und Zensur standen, existierte in Bayern, Weimar und Württemberg ein lockereres Presserecht. Das Bundespressegesetz von 1819 leitete „eine Phase scharfer Unterdrückung der Pressefreiheit"[82] ein, und die Inhalte der Karlsbader Beschlüsse hinsichtlich der (unterdrückten) Pressefreiheit hatten bis 1848 Gültigkeit.

Verbesserung der Logistik dank Technik

Ein weiterer Aspekt, der die Pressefreiheit im Kontext mit der Demokratisierung anschob, waren der Ausbau des Nachrichtennetzes einerseits an der Wende vom 18. zum 19. Jahrhundert mittels eines Telegrafensystems, andererseits die bessere Verbreitung der Kommunikationsmittel, also Zeitungen, Zeitschriften, Bücher,

---

[81] Nipperdey, Thomas (1983): S. 591
[82] Stöber, Rudolf (2005): S. 144

aber auch Flugblätter, durch die neue Verkehrsstruktur. Zwischen 1820 und 1850 steigerte sich die Bedeutung von Post, Dampfschiffen, später Eisenbahnen und Straßenwege-Verbesserungen führten zu einer rascheren Reisegeschwindigkeit – und damit einer verbesserten Verbreitung von Druckmaterialien.[83]

Obendrein half die Technik – schon 1812 hatte Friedrich Koenig mit seinem Kompagnon Bauer die Schnellpresse erfunden – und in Würzburg eine entsprechende Fabrik installiert, die noch heute weltweit Druckmaschinen herstellt. Die Gedanken sind frei, wenn sie sich auch frei verbreiten können.

Dass diese rasanten Entwicklungen dem Staat nicht immer gefielen, liegt auf der Hand. Und auch mit Abschaffung der Pressezensur versuchte der Staat ab 1848, seine Macht zu fixieren: Er subventionierte ihm wohlgesinnte Zeitungen; er versuchte neue Zeitungen durch hohe Kautionen zu bremsen; er agierte selbst mit durch eigene Pressestellen, die vor allem Bismarck geschickt nutzte; er behinderte die Gründung politischer Vereine.

1848 - Ende der „offiziellen" (Vor-)Zensur

Mit bzw. nach der Märzrevolution 1848 wurde die Pressefreiheit verkündet, die Zensur offiziell abgeschafft. Die in der Paulskirche zu Frankfurt 1849 beschlossene Verfassung wurde zwar von Preußen nicht anerkannt, bedeutete aber dennoch, dass die Pressefreiheit in Deutschland fixiert, die Zensur negiert wurde.[84] Der Zeitgenosse C.F.L. Hoffmann schrieb 1849 in seinem Handbuch „Vollständiges politisches Wörterbuch" treffend und zugleich pathetisch: „Preßfreiheit heißt der von keiner Zensur gehemmte Gebrauch der Denk-, Sprach- und Lehrfreiheit in Druckschriften. Wo volle Denkfreiheit stattfinden soll, da muss auch Jeder die Befugnis haben, unter eigener Verantwortlichkeit seine Gedanken öffentlich bekannt zu machen."[85]

Eine direkte Zensur also war nicht mehr möglich, doch eine indirekte Zensur sehr wohl praktiziert, und das Pressegesetz von 1851 formulierte bereits, wie Pressefreiheit zu verstehen war: Es war eine Konzession notwendig, so dass der Staat ungeliebte Journalisten und Verleger quasi verbieten konnte, indem keine Konzession erteilt wurde; der Staat führte die Impressumspflicht ein – aber immerhin, es gab einen Rechtsweg, der der vorherigen Willkür einen Riegel vorschob.

---

[83] Elze, Reinhard/Repgen, Konrad (Hrsg.) (1983): S. 623
[84] Strassner, Stefan (2004): S. 141
[85] Hoffmann, S. 174; zitiert aus: Boventer, Hermann (1989): S.24

Mit dem Bundespressegesetz von 1854 zog Strenge verstärkt ein: Pressekontrolle wurde, obgleich damit ja die Pressefreiheit etabliert wurde, durch die Formulierung bestimmter Einschränkungen der Pressefreiheit fixiert und durchgeführt, und bis 1858 gab es keinerlei liberale Lockerungen.
Das Volk aber war findig. Das 19. Jahrhundert ist DAS Jahrhundert der Vereine und der Vereinsgründungen. Und waren die einen, die politischen, von Staats wegen ungeliebt und teils verboten, gründeten die Bürger und Arbeiter Schützen-, Turn- und Gesangsvereine – die jedoch jeder Verein für sich Ersatz für politische Unterdrückungen waren, die als Massenorganisation aufgestellt eine eigene Macht entwickelten, Einfluss erhielten und mit großen Versammlungen viele Aspekte demokratischer Entwicklung besetzten.[86]
Ein Blick auf die preußische Verfassung von 1849/1850 zeigt die einerseits vorbildliche Formulierung von Pressefreiheit, Meinungsfreiheit, Versammlungs- und Vereinigungsfreiheit, andererseits die Einschränkung dieser „kommunikationsrechtlich relevanten Grundrechte" durch die Erfordernisse staatlicher Gesetzgebung und behördlicher Akzeptanz für den Fall der Freiheitswahrnehmung.[87]

Bismarck – Pressezensur de facto

Bismarcks Medienpolitik ist geprägt von Lenkung und Selbstzensur. Als er 1862 zum Ministerpräsidenten und Außenminister ernannt wurde – und er lenkte das Kaiserreich knapp drei Jahrzehnte –, begann er bereits im ersten Jahr seiner Amtszeit, die Informations- und Medienpolitik zu reorganisieren. Die neu geschaffene „Provinzial-Correspondenz", später umbenannt in „Neueste Mittheilungen" und dann in „Berliner Correspondenz", war ein probates Mittel:
Dieses politische Wochenblatt erhielt die Informationen direkt vom Staat, wuchs zum größten Medium und unterstützte Lokalzeitungen. Hintergrund war, dass vor 1863 regierungstreue Zeitungen in großen finanziellen Problemen steckten, während vor allem in ländlichen Gebieten Oppositionszeitungen über erfolgreiche Auflagen verfügten. Indem Bismarck ihm liebe Zeitungen mit Druckaufträgen versorgen ließ, auch das Instrument der Zwangsabos nicht scheute, förderte er wirtschaftspolitisch Medien. Autoritär packte er auch „seine" Pressepolitik an: Er baute eine zentrale Pressestelle auf und institutionalisierte von Staats wegen den Bereich Propaganda und Öffentlichkeitsarbeit.

---

[86] Elze, Reinhard/Repgen, Konrad (Hrsg.) (1983): S. 624
[87] Stöber, Rudolf (2005): S. 136 – 137

Mit der Gründung des Deutschen Reichs erhielt das Kaiserreich 1871 eine Verfassung, die Pressezensur wird in dieser nicht genannt. De jure gab es keine staatliche Zensur. De facto aber entstand, vorangetrieben von Bismarck, ein sehr differenziertes System der amtlichen Beeinflussung der Presse. Oppositionelle Presseorgane wurden unterdrückt. Es kam zu einer „selbstgewollten Selbstzensur" eines Großteils der bürgerlichen Presse.

1874 wurde im Kaiserreich das Reichspressegesetz verabschiedet. Erstmals wird damit in Deutschland die Pressefreiheit einheitlich geregelt, nicht per Verfassung, aber per Gesetz. Das bedeutet nun nicht, dass in dieser Zeit die Pressefreiheit rundum gegeben war. Doch erfuhr die Pressefreiheit einen wesentlichen Schub – trotz der weiter existierenden Zensur.

Wie bereits gesagt, verstand es der Staat, sich selbst als Akteur einzubringen. Der Staat selbst wollte die Öffentlichkeit beeinflussen – und als Medienhandelnder tätig sein. So war es Bismarck, der mit eigenen Korrespondenten die öffentliche Meinung mit prägte. Und Fakt ist: Das Sozialistengesetz als Ausnahmerecht von 1878 setzte das Reichspressegesetz in weiten Teilen wieder außer Kraft.[88]

Die Zeit des Ersten Weltkrieges war dann sowieso ein Ausnahmezustand – die Schlussjahre des Kaiserreiches unterwarfen die komplette Presse einer strengen Zensur, begründet durch den Krieg. Mit der Ausrufung des Kriegs 1914 waren die Pressefreiheit, die konkreten Arbeitsbedingungen der Presse mit der Argumentation der „Gefährdung der öffentlichen Sicherheit und Ordnung" massiv verschlechtert.[89]

Ängstlich: Erste Demokratie in Deutschland

Die Weimarer Reichsverfassung (WRV) 1919 ist nun die erste Verfassung, die die Freiheit der Meinungsäußerung in Wort, Schrift und Bild garantiert, eine hohe Bewertung der Pressefreiheit, die bis dato nur via Gesetzen geregelt wurde. Noch war die Pressefreiheit in der Verfassung weit hinten angesiedelt, aber immerhin: Artikel 118 regelte dieses hohe Gut. Doch die Weimarer Republik, erste Demokratie auf deutschem Boden nach dem Kaiserreich, war trotz ihrer Liberalität ängstlich, Zensur war für sie kein Fremdwort. Zwar war laut WRV die Zensur

---

[88] Gall, Lothar (Hrsg.) (2003): Regierung, Parlament und Öffentlichkeit im Zeitalter Bismarcks. Paderborn; Tonnemacher; Jan (2003): Kommunikationspolitik in Deutschland. Konstanz
[89] Stöber, Rudolf (2005): S. 148

verboten, es hieß, „eine Zensur findet nicht statt", doch mit einer Zweidrittelmehrheit konnte die Verfassung, und damit auch dieser Passus, geändert werden. Allgemeine Gesetze konnten die Pressefreiheit einschränken, und diese Möglichkeit wurde in Weimar nicht selten genutzt. Dass die liberalen Väter der WRV und die ersten demokratischen Politiker der Weimarer Republik die Aufrechterhaltung von Ordnung, Moral, Sicherheit im Fokus hatten, ist die eine Seite des Blattes; die andere Seite muss leider damit beschrieben werden, dass die Verfassung und die Zensurvorstellungen und -anwendungen der Weimarer Republik den Nazis den Weg geebnet haben, die Pressefreiheit völlig zu negieren.

Ein Beispiel Weimarscher Gesetzgebung: Schon 1922 wurde mit dem Republikschutzgesetz die Zensur zugelassen; Eingriffe in die Presse- und Versammlungsfreiheit waren nicht selten.

Ein weiteres Beispiel: Ende 1926 verabschiedeten die Politiker das Gesetz zur Bewahrung der Jugend vor Schund- und Schmutzschriften, das sog. Schmutz- und Schundgesetz der Weimarer Republik. Und Zensur spielte auch eine Rolle bei der Behandlung des aufkommenden Rundfunks und des Films. Filme wurden zensiert mit dem Argument großer Gefahren für die öffentliche Ordnung; Filmvorführungen wurden zensiert, indem eine Erlaubnis nur gegeben war, wenn die eigens hierfür eingerichtete Prüfstelle ihr Plazet gab – die Folge waren viele Nachbearbeitungen der Filme und nicht selten ein Verbot.

Terror gegen die Pressefreiheit durch die NSDAP

Der Nazi-Terror, die so genannte Machtergreifung Hitlers, der nach den Buchstaben des damaligen Gesetzes legal – aber nicht legitim – zum Reichskanzler gewählt worden war, das so genannte Dritte Reich, kennt keine Pressefreiheit, sondern ist charakterisiert durch die Gleichschaltung der Medien, durch Kontrolle, Lenkung aller Medien, durch Verbote und Bücherverbrennung, durch Übernahmen und Berufsverbote, raffiniert in das Schriftleitergesetz im Oktober 1933 verpackt, durch die Nutzung neuer Technik wie des Rundfunks, angetrieben von Goebbels´ Reichspropagandaministerium, infam als Reichsministerium für Volksaufklärung und Propaganda benannt, und dessen unglaubliche und zugleich die Methoden von Medien, Massen und Psychologie anwendenden und ausnutzenden Vorgehensweisen. Es war Hitler gelungen, alle publizistisch mögliche Macht auszuschalten, wenigen nur gelang Protest publizistischer Art aus dem Untergrund oder aus dem Ausland.

Ein eigenes Thema, ein wichtiger Bereich der deutschen Mediengeschichte, der einen eigenen Beitrag verdienen würde.

Verdeutlicht werden soll an dieser Stelle, dass die Nazis – die Weimarer Reichsverfassung aushöhlend und missbrauchend – kein eigenes Verfassungsrecht geschaffen haben.

Mit der Reichstagsbrandverordnung im Februar 1933 wurden – auf der Basis von Artikel 48 WRV – wesentliche Artikel des Grundrechtskatalogs der Weimarer Reichsverfassung aufgehoben; außer kraft gesetzt war damit auch die Meinungs- und Pressefreiheit. Mit dem so genannten Ermächtigungsgesetz, dem „Gesetz zur Behebung der Not von Volk und Reich", wurde Ende März 1933 die NS-Diktatur letztlich in ihrer Omnipotenz festgezurrt – die Reichsregierung und damit Reichskanzler Hitler benötigten weder Reichspräsidenten noch andere Verfassungsorgane zur Verabschiedung von Gesetzen. Damit hoben die Nationalsozialisten binnen kurzem nicht nur die Grundrechte der WRV auf, sie schufen bereits 1933 mit dem „Ermächtigungsgesetz" ein für die NS-Diktatur zentrales Instrument, den Reichskanzler Hitler autark, ohne etwaige Einmischungen durch den Reichspräsidenten, zu positionieren.[90]

Zentrales Organ der Pressezensur und damit des Endes der Presse- oder Medienfreiheit war das im März 1933 installierte Reichsministerium für Volksaufklärung und Propaganda. Und unter dem Deckmantel der Befriedung wirtschaftlicher Verhältnisse wurden im September 1933 Neugründungen von Zeitungen verboten – und damit etwaig aufkeimende Pressefreiheitsansätze NS-kritischer Journalisten und Verleger erstickt.

Die Methoden der Informationsverbreitung waren subtil und raffiniert: Reichspressekonferenzen informierten die Medienleute über staatliche Angelegenheiten, aber das Reglement war streng, der Zugang nicht offen, kritische Journalisten, auch aus dem Ausland, nicht zugelassen – ein klares Instrumentarium der Vorzensur.

Ein von der NSDAP installiertes „Deutsches Nachrichtenbüro" DNB lieferte als Berlin-Agentur gezielt NS-Propagandamaterial, und wenn auch der Volksmund die Abkürzung in „darf nichts bringen" umspöttelte, so war es nicht journalistischen Ansprüchen genügend, wenn NS-Korrespondenten „ihre" NS-gefärbten Infos in die Regionen brachten, wo die Zeitungshäuser sich keine eigenen Berlin-Korrespondenten leisten konnten.

Der Volksempfänger als Radioapparat, günstig vom Volk zu kaufen, hoch subventioniert von den Nazis, die UFA als Filmproduktionsstätte in NS-Besitz, der massive Einfluss der NS-Propaganda auf Filme und Wochenschauen, das Verbot, mit Beginn des Zweiten Weltkrieges „Feindsender" abzuhören, NS-angeordnete Unterhaltungspropaganda, an denen Heinz Rühmann und viele

---

[90] Stöber, Rudolf (2005): S. 140

andere mitwirkten – all dies untergrub die Pressefreiheit und ließ die Pressefreiheit einfordernden Medienleute um ihr Leben bangen, nicht selten ihr Leben verlieren.

Es waren die Nationalsozialisten, die sich – mit Joseph Goebbels und dem Propagandaministerium an der Spitze – erstmalig und in unglaublich rascher Zeit die Medien zunutze machten; die Presse, und ebenso Hörfunk und Film, wurden missbraucht, in eine Rolle der Propaganda für den Staat, der öffentlichen Erziehung und öffentlichen Belehrung im Geiste der NS-Ideologie gedrängt.[91]

Hitler hatte die enorme Bedeutung und Wirkung der Massenmedien klar erkannt – und ausgenutzt.

DDR: Kontrolle, Propaganda, Schikane, Verbote

Diktatorisch torpediert wurde die Pressefreiheit in der DDR. Dabei ist zu beachten, dass auch die DDR-Verfassung, in Artikel 27, eine Pressefreiheit sowohl in der Fassung von 1949 als auch noch in der einschränkenden Version von 1968 kennt; sie sei gewährleistet, heißt es da, und: jeder habe das Recht, seine Meinung frei und öffentlich zu äußern. Obgleich der DDR-Staat das Nazi-Regime ablehnte und kritisierte, nutzte er doch die Steuerungs- und Regelungsmechanismen und -vokabeln, um die Pressefreiheit zu bekämpfen. Es ging um Propaganda und Agitation, es ging um Kontrolle und staatliche Lenkung, es ging um Verbot und Unterdrückung.

Die Medienpolitik des SED-Regimes mit Politbüro, Zentralkomitee der SED, Stasi und anderen Organen der Machthaber war darauf ausgerichtet, alles zentralistisch zu lenken und zu reglementieren, zu kontrollieren, zu zensieren, zu durchleuchten – der Oscar-prämierte deutsche Kinofilm von Florian Henckel von Donnersmarck „Das Leben der anderen" mit dem im Sommer 2007 viel zu früh gestorbenen in der DDR aufgewachsenen Schauspieler Ulrich Mühe, den der DDR-Staat ebenso schikaniert hatte wie viele andere auch, gibt als fiktive Geschichte in realistischer Weise wider, was die Stasi Bürgern antat. Offiziell kannte die DDR keine Zensur, doch tatsächlich wurde Vorzensur angewandt, um Journalisten „zu zähmen", Selbstzensur war das Ergebnis strikter Überwachung und drohender Bestrafungen.

---

[91] Bamberger, Heinz Georg (1989): S. 89; Vgl. auch die Definition eines Schriftleiters nach § 1 des Schriftleitergesetzes der NS-Diktatur

Allerdings: Die moderne Technik gewährte den DDR-Bürgern, dass in vielen Haushalten so genanntes Westfernsehen und Westradio terrestrisch empfangbar war. Wurden anfangs noch Antennen, die in die falsche, in die westliche Richtung zeigten und damit Beweis für Westfernsehen waren, gewaltsam entfernt, musste der DDR-Staat den Empfang westlicher Fernsehsender ab den 70er Jahren stillschweigend tolerieren. Einzig die Regionen um Dresden und Greifswald waren von Westinformationen via Fernsehen abgeschnitten – einerseits wegen der geografischen Lage im Elbtal, andererseits wegen der gleichen Sendefrequenz eines tschechoslowakischen Senders wie der des ZDF. Man bezeichnete die Dresdener Region spöttisch-mitleidig als das „Tal der Ahnungslosen".[92]

Keine Internet-Freiheit in China

Pressefreiheit – sie ist weltweit nach wie vor bedroht, und der Einzug des Internets unabhängig von Staatsgrenzen, Kontinenten, Staatsformen und (Medien-)Politikervorstellungen von Medienfreiheit hat daran wenig geändert, wie die Zensur und Verbote bestimmter Internetadressen in China, aber auch anderswo, demonstrieren. Der Kampf für die Pressefreiheit ist mit dem weltweiten – potentiell möglichen – Zugang zu Information dank der elektronischen Medien nicht beendet.

Zum Schluss: Es ist tröstlich, dass alle Tapferen trotz der Versuche, egal in welchen Epochen, die Presse, die Medien, deren Freiheit zu beschneiden, zu verbieten, zu kontrollieren, nicht nachgelassen haben in dem Bemühen – bis heute –, Pressefreiheit zu fordern und zu fördern. Es ist traurig, dass heute selbst in Demokratien Pressefreiheit kein Allgemeingut ist. Angriffe gegen die Pressefreiheit sind nicht nur in so genannten Schurkenstaaten, in Diktaturen und Terrorregimen existent.

Die Pressefreiheit in Deutschland ist gegeben, ein hohes Gut, aber auch, wie wir alle wissen, ein Pflänzlein, das immer wieder angegriffen wird, weil sich Etablierte angegriffen fühlen in ihrer Macht, in ihrem Tun, in ihrem Streben. Aktuell, leider nicht einzigartig als Beispiel, sei die Cicero-Duchsuchung im Jahr 2005 und Beschlagnahmung von Redaktionsmaterialien genannt – und das Urteil des Bundesverfassungsgerichts als klares Ja zur Pressefreiheit.[93]

---

[92] Stiehler, Hans-Jörg (2001): Leben ohne Westfernsehen. 1. Auflage. Leipzig; Meyen, Michael (2003): Einschalten, Umschalten, Ausschalten? Das Fernsehen im DDR-Alltag. Leipzig
[93] Ausführlich mit vielen Beispielen vom sogenannten Lüth-Urteil im Zusammenhang mit einem Veit-Harlan-Film nach dem Zweiten Weltkrieg bis zum Caroline-Urteil und dem Fall Cicero aus

Die Spiegel-Affäre

Ein Anschlag des Staates auf die Pressefreiheit war die „Spiegel-Affaire" – und ein klarer Sieg dieser. Was war geschehen? Was hatte die Republik so erschüttert?
So hatte der Spiegel, ein von Rudolf Augstein nach dem Zweiten Weltkrieg in Deutschland nach britischem Vorbild gegründetes politisches Magazin, 1947 noch mit dem Namen „Die Woche", dann aber rasch umfirmiert, in seiner 41. Ausgabe vom 10. Oktober 1962 bereits am 8. Oktober unter dem Titel „Bedingt abwehrbereit" über die Lage der Bundeswehr berichtet – und die These einer schlechten militärischen Positionierung Westdeutschlands im Fall eines Angriffs durch den Warschauer Pakt.[94] Spiegel-Redakteur Conrad Ahlers stützte seine Thesen auf Unterlagen der NATO, die eine entsprechende Simulation unter dem Begriff Fallex 62 durchgeführt hatte mit dem Ziel, die sicherheitspolitische Lage der NATO-Mitgliedsstaaten abzuklären. Das Planspiel war streng vertraulich, die entsprechenden Protokolle geheim. Durch die Veröffentlichung fühlte sich das Bundesverteidigungsministerium, an dessen Spitze Franz Josef Strauß stand, in Bedrängnis gebracht und sah die Sicherheit im Lande in hohem Maße gefährdet.
Zwölf Tage nach dem Artikel im Spiegel erstattete der Würzburger Staatsrechtsprofessor Friedrich Freiherr von der Heydte nach einem Gutachten des Bundesverteidigungsministeriums gegen die Redaktion des Spiegels Anzeige wegen des Tatverdachts des Landesverrats, der landverräterischen Fälschung und der aktiven Bestechung, am Tag darauf, am 23. Oktober 1962, gingen vom Bundesgerichtshof Haft- und Durchsuchungsbefehle heraus. Beamte des BKA stürmten nachts die Büros des Spiegels in Hamburg, später auch in Bonn, der damaligen Hauptstadt, beschlagnahmten zahlreiche Unterlagen, Ahlers (derzeit auf Spanien-Urlaub) und weitere Redakteure wurden verhaftet. Augstein stellte sich einen Tag später in Hamburg freiwillig der Polizei.

---

aktueller Zeit: Reifenrath, Roderich (2006): Die Blattmacher. Aus der Praxis der Journalisten. Berlin. S. 44 – 71.; Weischenberg, Siegfried/Malik, Maja/Scholl, Armin (2006): Die Souffleure der Mediengesellschaft. Report über die Journalisten in Deutschland. Konstanz. S. 168 – 173

[94] Ausführlich hierzu das Buch Brawands, einem der damaligen leitenden Spiegel-Redakteure: Brawand, Leo (1995): Rudolf Augstein. Düsseldorf. S. 131 – 158; Schöps, Joachim (1983): Die Spiegel-Affäre des Franz Josef Strauß. Reinbek

Die Medienresonanz war gigantisch.[95] Eine breite Welle der Sympathie entstand für den Spiegel, Bürger unterschiedlichster Auffassung waren sich einig, dass hier Grundrechte, vor allem das der Presse- und Meinungsfreiheit, verletzt worden sei. Hans Mathias Kepplinger schreibt, die Spiegelaffäre sei zum „Kristallisationspunkt der außerparlamentarischen Opposition" geworden.[96] Im Mittelpunkt der Kritik stand Verteidigungsminister Strauß. Obgleich er im Bundestag noch beteuert hatte, er habe mit der Sache nichts zu tun, warf man ihm vor, aktiv die Inhaftierung Augsteins und Ahlers forciert und die Redaktionsdurchsuchung aktiv betrieben zu haben – was er auch tatsächlich hatte, wie sich später herausstellte.

Als dann Mitte November 1962 alle fünf FDP-Minister im Bundeskabinett aus Protest gegen Strauß ihren Rücktritt erklärten, war die Handlungsfähigkeit der Bundesregierung gefährdet, wären nicht zur Ermöglichung einer Kabinettsneubildung auch die Mitglieder der CDU/CSU am Tag darauf zurückgetreten. Strauß erklärte seinen Verzicht auf sein Amt – und weitere Ministerämter im Kabinett Adenauers; sein Nachfolger im Amt wurde Kai-Uwe von Hassel.

Exakt 103 Tage saßen Augstein und Ahlers in U-Haft; am 7. Februar 1963 kamen sie frei. Und es dauerte noch bis Weihnachten 1963, bis ein unabhängiges Militärgutachten der NATO bestätigte, dass das politische Nachrichtenmagazin Der Spiegel keine Staatsgeheimnisse veröffentlicht und auch nicht Landesverrat begangen habe. Im Mai 1965 schließlich bestätigte sich dies auch durch den Bundesgerichtshof, die Spiegel-Affäre war formal beendet.

Die noch junge Republik hatte eine ernste Bewährungsprobe bestanden. Das Grundrecht der Presse- und Meinungsfreiheit als hohes Gut innerhalb der Demokratie Deutschlands hatte gewonnen. Die Bürgerproteste gegen die massiven Vorgehensweisen durch den Staat waren klare Beweise für ein Einstehen der Menschen für ihre Verfassung trotz einer oder gerade in einer aufgeheizten innen- und außenpolitischen Situation des Kalten Krieges. Das damals noch einzige politische Nachrichtenmagazin in Print – den Focus gab es noch lange nicht – hatte, auch wenn die Affäre kurzzeitig Gefahr lief, dem Blatt finanziell den Garaus zu machen – den Spiegel bekannt gemacht, nicht nur in Deutschland, sondern weltweit. Die Auflagensteigerung war enorm, die Pressefreiheit untrennbar mit dem Namen des Magazins verbunden. Das Bundesverfassungs-

---

[95] Ausführlich listet Kepplinger die Anzahl der Fernsehsendungen und die Redaktionen der Tageszeitungen auf: Kepplinger, Hans Mathias (1999): Publizistische Konflikte. In: Wilke, Jürgen (Hrsg.): Mediengeschichte der Bundesrepublik Deutschland. Bonn. S. 703
[96] Kepplinger, Hans Mathias (1999): S. 703

gericht weitete die Rechte der Presse im Nachgang der Spiegel-Affäre 1966 aus.[97]

Reporter ohne Grenzen

International stand die Pressefreiheit in der Diskussion durch den bis dato einmaligen Vorgang der Nordamerikaner, die – vermutlich ihnen angenehme – Journalisten als so genannte „eingebettete Journalisten" vermeintlich behütet und zugleich kontrolliert im Irak-Krieg 2003 mitnahmen als Begleiter; der Schutz war nicht immer gegeben, der journalistisch erforderliche unabhängige Blickwinkel der Berichterstattung als Schützlinge der USA ebenso wenig. Die Gefahren der Pressefreiheit und die Gefahren für die Journalisten selbst beschreibt immer wieder die Organisation Reporter ohne Grenzen in ihrem ROG-Report.[98] Weltweit ist ROG aktiv, um das Recht auf freie Meinungsäußerung zu verteidigen, um eine freie Berichterstattung zu fordern, um bedrohten Journalisten zu helfen, um die Öffentlichkeit zu informieren, wenn irgendwo auf der Welt Journalisten bedroht, verfolgt oder eingesperrt werden.

In Paris gibt es sogar ein Haus der Journalisten, „la maison des journalistes", wo verfolgte Journalisten aus aller Welt, als dem Irak, aus Kuba, der Ukraine, aus Burundi oder dem Kongo unterschlüpfen können. Eine ARTE-Dokumentation hatte vor dem Hintergrund der im Oktober 2006 erschossenen russischen Journalistin Anna Politkowskaja in einem beeindruckenden Beitrag im Herbst 2007 gezeigt, unter welchen Bedingungen die Journalisten in ihren Heimatländern arbeiten mussten, wie sie bedroht und verfolgt wurden und wie es ihnen in der Fremde geht.[99]

Die jüngste Anzeige gegen 17 deutsche Journalisten namhafter Zeitungen im Zusammenhang mit einem BND-Untersuchungsausschuss im Sommer 2007 und die spätere Einstellung des Verfahrens zeigt, dass die Pressefreiheit selbst in so ausgeprägten Demokratien wie Deutschland vor Angriffen nicht gefeit ist, nachhaltig und kontinuierlich zu schützen ist.[100]

Nicht nur die Zeitschriftenverleger haben von der Bundesregierung gefordert, sich mehr für die Pressefreiheit einzusetzen. In der Tat ist es erschre-

---

[97] Kepplinger, Hans Mathias (1999): S. 703
[98] u.a. ROG-Report Nr. 3 vom September 2006: Krisenjournalismus: Was zurückbleibt: Traumaopfer Journalist. S. 1
[99] ARTE am 20. September 2007. 22.30 Uhr: „Journalisten im Exil", eine 52minütige Reportage
[100] Der Deutsche Journalisten-Verband DJV spricht von einem „breit angelegten Angriff auf die Pressefreiheit", s. www.netzeitung.de vom 02.08.07, Zugriff am 04.08.07

ckend, wenn ein demokratisches Land wie Deutschland im Länderranking der Pressefreiheit im Jahr 2004 auf Platz 18 abgerutscht ist, wie eine Übersicht der Organisation Reporter ohne Grenzen darlegt. Im Jahr 2006 landete Deutschland gar auf Rang 23 von 168 Nationen.[101]

Strassner[102] formuliert zu Recht, dass es – bei allen wohlfeilen Formulierungen zur Pressefreiheit in unterschiedlichen Verfassungen – gerade der Artikel 19 des Grundgesetzes ist, der wesentlicher Stabilisator, der Fixpunkt, die „Ewigkeitsklausel" der Pressefreiheit in Artikel 5 GG ist. Denn hier wird verankert, dass die Grundrechte – und damit auch die Pressefreiheit – in ihrem Wesensgehalt „in keinem Falle" angetastet werden können.

Es ist dringend notwendig, dass die Pressefreiheit auf der Welt, aber selbstredend auch hier bei uns mehr Mitstreiter findet, die die Fahne hoch halten, die sich nicht den Mund verbieten lassen, die seriös recherchieren und sich nicht klein kriegen lassen, die Mut haben in einer Zeit, in der es unabdingbar ist, Pressefreiheit auch mit dem Ziel, Qualitätsjournalismus einzufordern, zu verknüpfen. Dass weltweit alljährlich Journalisten ihr Leben lassen müssen in ihrem Einsatz für die Pressefreiheit, dass in vielen Ländern dieser Welt Journalisten befürchten müssen, eingesperrt zu werden, wenn sie – Beispiel China – offen über Missstände im Lande berichten, dass im August 2007 eine russische Journalistin nach einem kritischen Artikel über die Situation in einer Nervenheilanstalt plötzlich selbst dort als „Paticntin" festgehalten wird – im Jahr 2007(!) – zeigt, wie gefährlich der individuelle Einsatz von Journalisten für die Pressefreiheit ist.

Pressefreiheit steht als Grundrecht jedermann zu, sagt Bamberger schon vor zwei Jahrzehnten, als noch keiner an Bürgerjournalismus oder Blogs dachte, und er nennt neben den „typischen" Presseberufen auch die Ausländer, aber auch die „Hilfspersonen" im weitesten Sinn.[103] Heute, im 21. Jahrhundert, hat sich der Kreis der Medienschaffenden stark erweitert, und, wie Weischenberg darlegt, sagen Weblogger in aller Welt, dass die Pressefreiheit allen Bürgern gehöre, dass das Internet die Nachrichtenfilterung, ja Nachrichtenunterdrückung

---

[101] www.reporter-ohne-grenzen.de (Zugriff am 02.08.2007); siehe auch das Engagement anderer Organisationen, z.B. Human Rights Watch (HRW), www.hrw.org, mit Sitz in New York, oder die deutsche Abteilung der Internationalen Medienhilfe (IMH) www.imh-deutschland.de ; s. a. die dpa-Meldungen und das Interview mit dem Präsidenten des Bundesverbandes Deutscher Zeitungsverleger e.V. (BDZV) Helmut Heinen vom 2. Mai 2007 zur Publikation für den 3. Mai, den Tag der Pressefreiheit
[102] Strassner, Stefan (2004): S. 147
[103] Bamberger, Heinz Georg (1986): S. 78; Hierzu praktische Beispiele in: Institut zur Förderung publizistischen Nachwuchses, Deutscher Presserat (Hrsg.) (2005): Ethik im Redaktionsalltag (= Praktischer Journalismus, Bd. 63). Konstanz. S. 83

und Selbstzensur der (traditionellen) Medien beseitige.[104] Wohin diese Denkweise führen mag, im Selbstverständnis, im Berufsbild und in der Außenwirkung von Journalisten, kann noch gar nicht abgeschätzt werden. Was bedeuten Glaubwürdigkeit und Überprüfbarkeit, Medienethik und Erlernen eines Handwerks in der Medienwelt der Digitalisierung, der weltweiten Kommunikation, der globus-umspannenden Publikationsmöglichkeit durch jeden, dessen fachliche Biografie ich jedoch nicht einzuschätzen vermag?

Heribert Prantl von der Süddeutschen Zeitung bezeichnet die Pressefreiheit als „einen großen Strom... wie der Rhein, die Donau oder der Nil: Nicht alles, was dort schwimmt, ist sauber". [105] Und er sagt zu Recht, sie sei und bleibe eine Sache der Aufklärung.[106]

Pressefreiheit – das ist die Freiheit des Wortes, des Denkens, die Freiheit in der Vielfalt. Auf dass nicht die Schimäre von George Orwells in „1984" beschriebener Diktatur hin zu einer neuen reduzierten Sprache, dem „Neusprech", Realität wird:

„Don´t you see that the whole aim of Newspeak is to narrow the range of thought? In the end we shall make thoughtcrime literally impossible, because there will be no words in which to express it. Every concept that can ever be needed, will be expressed by exactly one word, with its meaning rigidly defined and all its subsidiary meanings rubbed out and forgotten."[107]

Und Menschen, die klar und offen denken (und schreiben), dürfen nicht in Furcht geraten, wie Winston in dem genannten Buch, der Angst um seinen Bekannten hat: „One of these days, thought Winston with sudden deep conviction, Syme will be vaporized. He is too intelligent. He sees too clearly and speaks too plainly. The Party does not like such people. One day he will disappear. It is written in his face."[108]

---

[104] Weischenberg, Siegfried/Malik, Maja/Scholl, Armin (2006): S. 26; hier Verweis auf „die personifizierte Grauzone" Matt Drudge, Weblogger aus den USA
[105] Prantl, Heribert: Die Pressefreiheit ist ein großer Strom... In: Deutscher Presserat. 50 Jahre Selbstkontrolle der gedruckten Medien 1956 – 2006. Bonn o.J., S. 98
[106] Prantl, Heribert: S. 101
[107] Orwell, George (1949): Nineteen Eighty-Four. A Novel. Harmondsworth (reprinted 1972). S. 45
[108] Orwell, George (1949): Nineteen Eighty-Four. A Novel. Harmondsworth (reprinted 1972). S. 46

Quellen- und Lesehinweise

Bamberger, Heinz Georg (1986): Einführung in das Medienrecht. Darmstadt

Boventer, Hermann (1989): Pressefreiheit ist nicht grenzenlos. Einführung in die Medienethik. Bonn

Brawand, Leo (1995): Rudolf Augstein. Düsseldorf

Büssem, Eberhard (1974): Die Karlsbader Beschlüsse von 1819. Die endgültige Stabilisierung der restaurativen Politik im Deutschen Bund nach dem Wiener Kongress 1814/1815 (= Diss. München 1972). Hildesheim

Deussen, Giso (1996): Ohne Wahrheit keine Freiheit. Wahrheitserkenntnis und publizistische Medien in der katholischen Soziallehre. In: Wunden, Wolfgang (Hrsg.) (1996): Wahrheit als Medienqualität (= Beiträge zur Medienethik, Bd. 3), Frankfurt/ Main: S. 63 – 72

Eckhardt, Hans von (Hrsg.) (1921): Friedrich von Gentz. Staatsschriften und Briefe. In: 1. Bd.: Friedrich von Gentz in der Zeit deutscher Not 1799 – 1813. München

Elze, Reinhard/Repgen, Konrad (Hrsg.) (1983): Studienbuch Geschichte. Europäische Weltgeschichte in einem Band. 2. überarb. Auflage. Stuttgart

Fricke, Ernst (1997): Recht für Journalisten. Grundbegriffe und Fallbeispiele. 1. Auflage. Konstanz

Gall, Lothar (Hrsg.) (2003): Regierung, Parlament und Öffentlichkeit im Zeitalter Bismarcks. Paderborn

Gentz, Friedrich von (1986): Die Pressefreiheit in England (1818). In: Wilke, Jürgen (Hrsg.): Pressefreiheit. Darmstadt. S. 142 – 193.

Goderbauer, Gabriele (1989): Theoretiker des deutschen Vormärz als Vordenker moderner Volksvertretungen (= tuduv-Studien, Reihe Politikwissenschaften Bd. 35). München

Huber, Ernst Rudolf (1957-1981): Deutsche Verfassungsgeschichte seit 1789. 6 Bde. Stuttgart

Huber, Ernst Rudolf (Hrsg.) (1961-1966): Dokumente zur Deutschen Verfassungsgeschichte. 3 Bde. Stuttgart

Institut zur Förderung publizistischen Nachwuchses, Deutscher Presserat (Hrsg.) (2005): Ethik im Redaktionsalltag (= Praktischer Journalismus, Bd. 63). Konstanz

Kepplinger, Hans Mathias (1999): Publizistische Konflikte, In: Wilke, Jürgen (Hrsg.): Mediengeschichte der Bundesrepublik Deutschland. Bonn. S. 698 – 719

Klüber, Johann Ludwig/Welcker, Carl (Hrsg.) (1845): Wichtige Urkunden für den Rechtszustand der deutschen Nation. Mit eigenhändigen Anmerkungen von Johann Ludwig Klüber, aus dessen Papieren mitgeteilt und erläutert von Carl Welcker. 2. unveränd. Auflage. Mannheim

Langewiesche, Dieter (2003): Politikstile im Kaiserreich. Zum Wandel von Politik und Öffentlichkeit im Zeitalter des „politischen Massenmarktes". In: Regierung, Parlament und Öffentlichkeit im Zeitalter Bismarcks. Politikstile im Wandel (Otto-von-Bismarck-Stiftung. Wissenschaftliche Reihe 5). Paderborn: Lothar Gall. S. 1-21

Lutz, Heinrich (1985): Zwischen Habsburg und Preußen. Deutschland 1815 – 1866 (= Die Deutschen und ihre Nation, Neuere deutsche Geschichte in 6 Bd., Bd. 2). Berlin

Maase, Kaspar/Kaschuba, Wolfgang (Hrsg.) (2001): Schund und Schönheit. Populäre Kultur um 1900. Köln

Meyen, Michael (2003): Einschalten, Umschalten, Ausschalten? Das Fernsehen im DDR-Alltag. Leipzig

Meyn, Hermann (1993): Massenmedien in der Bundesrepublik Deutschland. Alte und neue Bundesländer. Berlin

Milton, John (1986): Areopagitica. Eine Rede für die Freiheit der Presse. In: Wilke, Jürgen (Hrsg.): Pressefreiheit. Darmstadt. S. 57 – 113

Nipperdey, Thomas (1983): Deutsche Geschichte 1800 – 1866. Bürgerwelt und starker Staat. München

Orwell, George (1949): Nineteen Eighty-Four. A Novel. Harmondsworth (reprinted 1972)

Prantl, Heribert: Die Pressefreiheit ist ein großer Strom.... In: Deutscher Presserat. 50 Jahre Selbstkontrolle der gedruckten Medien 1956 – 2006, Bonn o.J., S. 98 – 104

Rebmann, Georg Friedrich (1988): Ideen über Revolutionen in Deutschland. Politische Publizistik. hrsg. von Greiling, Werner. Leipzig

Reifenrath, Roderich (2006): Die Blattmacher. Aus der Praxis der Journalisten. Berlin

Rürup, Reinhard (1984): Deutschland im 19. Jahrhundert. 1815 – 1871 (= Joachim Leuschner (Hrsg.): Deutsche Geschichte, Bd. 8). Göttingen

Schieder, Theodor (1982): Vom Deutschen Bund zum Deutschen Reich 1815 – 1871 (= Gebhardt, Handbuch der deutschen Geschichte, Bd. 15, 9. neu bearb. Auflage. hrsg. von Gundermann, Herbert). 7. Auflage. München

Schneider, Franz (1966): Pressefreiheit und politische Öffentlichkeit. Studien zur politischen Geschichte Deutschlands bis 1848 (= Politica. Abhandlungen und Texte zur politischen Wissenschaft, hrsg. v. Hennis, Wilhelm/Maier, Hans, Bd. 24), Neuwied am Rhein/ Berlin

Scheuner, Ulrich (1981): Die rechtliche Tragweite der Grundrechte in der deutschen Verfassungsentwicklung des 19. Jahrhunderts. In: Böckenförde, Ernst-Wolfgang (Hrsg. unter Mitarbeit von Wahl, Rainer): Moderne deutsche Verfassungsgeschichte (1815 – 1914), 2. veränd. Auflage. Königstein/Ts., S. 319 – 345

Schöps, Joachim (1983): Die Spiegel-Affäre des Franz Josef Strauß. Reinbek

Stiehler, Hans-Jörg (2001): Leben ohne Westfernsehen. 1. Auflage. Leipzig

Stöber, Rudolf (2005): Deutsche Pressegeschichte. 2. Auflage. Konstanz

Strassner, Stefan (2004): Was Journalisten beachten müssen: Rechtliche Aspekte. Von der Pressezensur zur Medienfreiheit. In: Goderbauer-Marchner, Gabriele/Blümlein, Christian (Hrsg.): Karriereziel Journalismus. Nürnberg. S. 139 – 147

Tonnemacher, Jan (2003): Kommunikationspolitik in Deutschland. Konstanz

Treitschke, Heinrich von (1981): Deutsche Geschichte im Neunzehnten Jahrhundert. Zweiter Teil: Bis zu den Karlsbader Beschlüssen (= Neuausgabe des in den Jahren 1879 bis 1894 in Leipzig erschienenen Werks, nach der Ausgabe 1912/1913; Zweiter Teil = Nachdruck der 7. Auflage. 1912). Königstein/Ts.

Weischenberg, Siegfried/Malik, Maja/Scholl, Armin (2006): Die Souffleure der Mediengesellschaft. Report über die Journalisten in Deutschland. Konstanz

Wilke, Jürgen (Hrsg.) (1984): Pressefreiheit (= Wege der Forschung, Bd. 625). Darmstadt

Internetquellen:

www.imh-deutschland.de
www.hrw.org
www.reporter-ohne-grenzen.de
www.netzeitung.de
(Zugriff am 01.08.2007)

Verzeichnis der Autorinnen und Autoren

Sascha Adamek, Jahrgang 1968, arbeitet seit zwölf Jahren als investigativer Journalist und Filmemacher für den Rundfunk Berlin Brandenburg und den Westdeutschen Rundfunk, u.a. für die ARD-Politikmagazine Monitor und Kontraste sowie das RBB-Magazin Klartext. Seine Schwerpunktthemen sind Finanzpolitik und Wirtschaftskriminalität. Mit Kim Otto veröffentlichte er 2008 „Der gekaufte Staat" im Verlag Kiepenheuer&Witsch.

Dr. Horst Avenarius, geboren 1930, war von 1957 bis 1969 bei Mannesmann, anschließend bei WMF und von 1973 bis 1991 bei BMW tätig, dort in den ersten 17 Jahren als PR-Chef und in den letzten drei Jahren als Vorstandsvorsitzender der Herbert-Quandt-Stiftung. Der Historiker ist Ehrenmitglied der Deutschen Public Relations Gesellschaft. Er veröffentlichte u.a. Beiträge über „Die PR der Presse" und „Die Ethik des Kommunizierens" sowie eine Textsammlung „Die ethischen Normen der PR". Seit 1995 leitet er den Deutschen Rat für Public Relations (DRPR).

Sandro Brotz, geboren 1969, Radio- und TV-Journalist, kam 2000 von RTL/ProSieben Schweiz zum SonntagsBlick, wo er Nachrichtenchef und stellvertretender Chefredaktor war. Seit 2007 ist er Redaktionsleiter bei Radio 1 in Zürich. Den Hintergrund der sogenannten CIA-Fax-Affäre veröffentlichte er 2006 mit Beat Jost unter dem Titel „CIA-Gefängnisse in Europa".

Prof. Dr. Gabriele Goderbauer-Marchner, geboren 1960, ist Professorin für Journalismus, Mediengeschichte, Medienpolitik, Filmwirtschaft und Politikwissenschaft an der Fachhochschule Würzburg-Schweinfurt. Seit 2000 ist sie auch Geschäftsführerin des MedienCampus Bayern e.V. In Medienseminaren schult sie journalistischen Nachwuchs. Gabriele Goderbauer-Marchner ist unter anderem Mitglied im Vergabeausschuss des FilmFernsehFonds Bayern sowie in der Jury des Bayerischen Fernsehpreises.

Beat Jost, geboren 1954, ist Journalist, Gewerkschafter und Kantonsrat im Wallis. Von 2001 bis 2004 arbeitete er als Wirtschaftsredaktor beim Blick, seit 2005 ist er Bundeshauskorrespondent des SonntagsBlick in Bern. Den Hintergrund der sogenannten CIA-Fax-Affäre veröffentlichte er 2006 mit Sandro Brotz unter dem Titel „CIA-Gefängnisse in Europa".

Markus C. Hurek, geboren 1972, hat nach dem ersten juristischen Staatsexamen die Journalistenschule des Axel Springer Verlages besucht. Nach Stationen bei Bild und der Welt am Sonntag war er zuletzt Nachrichtenchef der Tageszeitung Die Welt. Im Jahr 2003 wechselte Hurek zum Schweizer Ringier Verlag, um zusammen mit Wolfram Weimer das Politikmagazin Cicero zu gründen. Seit dem Start im April 2004 ist er stellvertretender Chefredakteur bei Cicero.

Hans Leyendecker, geboren 1949, schrieb fast zwei Jahrzehnte für den SPIEGEL. Der Historiker war an der Aufdeckung zahlreicher großer Skandale beteiligt. Seit 1997 ist er leitender politischer Redakteur der Süddeutschen Zeitung. Als Autor und investigativer Journalist bekannt, erhielt Leyendecker zahlreiche Auszeichnungen im In- und Ausland.

Dieter Offenhäußer, geboren 1952, ist stellvertretender Generalsekretär der Deutschen UNESCO-Kommission (DUK) und seit 1993 Pressesprecher der DUK. Von 1993 bis 1998 war er Referent für Internationale Medienpolitik. Der studierte Historiker verfasste zahlreiche Veröffentlichungen zu UNESCO-Themen.

Prof. Dr. Kim Otto, geboren 1968, arbeitet für das ARD-Politikmagazin Monitor, die ARD/ WDR-Dokureihe die story und andere Redaktionen. Der Politologe und Diplom-Journalist ist Professor für Journalistik und lehrt seit 2007 am Campus Köln der Macromedia Fachhochschule der Medien. Für den Monitor-Beitrag „Bezahlter Lobbyismus in Ministerien" erhielt Otto mit seiner Redaktion den Adolf-Grimme-Preis 2007. Die Hintergründe des Falls sind 2008 unter dem Titel „Der gekaufte Staat".

Dr. Heribert Prantl, geboren 1953, Jurist, Journalist und Publizist. Seit 1988 ist der ehemalige Richter politischer Redakteur bei der Süddeutschen Zeitung. Zunächst war er innenpolitischer Kommentator und innenpolitischer Redakteur mit Schwerpunkt Rechtspolitik, ab 1992 Leitender Redakteur und stellvertretender Ressortleiter, seit 1995 Chef des Ressort Innenpolitik.

Prof. Dr. Perry Reisewitz, geboren 1965, arbeitete als Journalist für große Tageszeitungen und Rundfunkanstalten. Er ist geschäftsführender Gesellschafter der Münchner Compass Communications GmbH - Agentur für Unternehmenskommunikation und Professor für PR- und Kommunikationsmanagement an der Macromedia Fachhochschule der Medien.

Boris Reitschuster, geboren 1971, Journalist und Buchautor, war zwischen 1992 und 1995 in Moskau für verschiedene deutsche Tageszeitungen tätig. Seit 1999 leitet er das FOCUS-Büro in Moskau. Für seine journalistischen Leistungen wurde er mehrfach ausgezeichnet. Boris Reitschuster beschreibt in seinen Sachbüchern das zeitgenössische Russland, zuletzt erschienen: „Der neue Herr im Kreml? Dimitrij Medwedew"

Journalismus

Claus-Erich Boetzkes
Organisation als Nachrichtenfaktor
Wie das Organisatorische den Content von Fernsehnachrichten beeinflusst
2008. 365 S. Br. EUR 34,90
ISBN 978-3-531-15489-3

Carsten Brosda
Diskursiver Journalismus
Journalistisches Handeln zwischen kommunikativer Vernunft und mediensystemischem Zwang
2008. 437 S. Br. EUR 49,90
ISBN 978-3-531-15627-9

Susanne Fengler /
Sonja Kretzschmar (Hrsg.)
Innovationen im Journalismus
2008. ca. 180 S. (Kompaktwissen Journalismus) Br. ca. EUR 19,90
ISBN 978-3-531-15450-3

Susanne Fengler / Bettina Vestring
Politikjournalismus
2008. ca. 180 S. (Kompaktwissen Journalismus) Br. ca. EUR 17,90
ISBN 978-3-531-15403-9

Hans J. Kleinsteuber/ Tanja Thimm
Reisejournalismus
Eine Einführung
2. Aufl. 2008. ca. 300 S. Br. ca. EUR 24,90
ISBN 978-3-531-33049-5

Sonja Kretzschmar / Wiebke Möhring / Lutz Timmermann
Lokaljournalismus
2008. ca. 180 S. (Kompaktwissen Journalismus) Br. ca. EUR 18,90
ISBN 978-3-531-15249-3

Thomas Morawski / Martin Weiss
Trainingsbuch Fernsehreportage
Reporterglück und wie man es macht – Regeln, Tipps und Tricks. Mit Sonderteil Kriegs- und Krisenreportage
2007. 245 S. Br. EUR 19,90
ISBN 978-3-531-15250-9

Perry Reisewitz (Hrsg.)
Pressefreiheit unter Druck
Spektakuläre Fallstudien und wissenschaftliche Hintergrundinformationen
2008. ca. 250 S. Br. ca. EUR 22,90
ISBN 978-3-531-15771-9

Thorsten Quandt /
Wolfgang Schweiger (Hrsg.)
Journalismus Online – Partizipation oder Profession?
2008. ca. 280 S. Br. ca. EUR 29,90
ISBN 978-3-531-15589-0

Erhältlich im Buchhandel oder beim Verlag.
Änderungen vorbehalten. Stand: Januar 2008.

www.vs-verlag.de

VS VERLAG FÜR SOZIALWISSENSCHAFTEN

Abraham-Lincoln-Straße 46
65189 Wiesbaden
Tel. 0611.7878-722
Fax 0611.7878-400

MIX
Papier aus verantwortungsvollen Quellen
Paper from responsible sources
FSC® C105338

If you have any concerns about our products,
you can contact us on
ProductSafety@springernature.com

In case Publisher is established outside the EU,
the EU authorized representative is:
**Springer Nature Customer Service Center GmbH
Europaplatz 3, 69115 Heidelberg, Germany**

Printed by Libri Plureos GmbH
in Hamburg, Germany